Wolfgang Jugel · Urzeit und Endzeit

Wolfgang Jugel

# Urzeit und Endzeit

## Unsere Zeit im Lichte der Urzeit von Adam bis zum Turmbau

(1. Mose 1-11)

Paulus-Paperback Band 1

Paulus-Verlag Karl Geyer Heilbronn

Umschlagentwurf von Irene Jugel
Gesamtherstellung:
Heinzelmann Druck-Service 7418 Metzingen
ISBN 3 87618 048 1

# *Vorwort*

Wer der Bibel als Gottes untrüglichem Wort auch da Glauben schenkt, wo sie von »jenseitigen« Personen und Dingen berichtet, von einem persönlichen Gott im Himmel, von Engeln und Geistern, von göttlichem Gerichts- und Heilshandeln im Himmel, auf Erden und unter der Erde, — dem gehen ganz neue Welten auf; er bekommt Einblicke, die denen zwangsläufig verschlossen bleiben müssen, die sich — mit welchen Begründungen auch immer — über Gottes Wort hinwegsetzen, indem sie es als Märchen- und Mythensammlung ausgeben. Wer dies tut, kann weder Kraft noch Offenbarung aus dem Worte Gottes empfangen.

Wer aber — wie der Verfasser dieses Buches — einfältig »allem glaubt, was geschrieben steht«, dem enthüllt Gott nicht nur Seinen Heilsweg mit dem Einzelmenschen, sondern auch mit der Welt. Und erstaunlicherweise gibt ihm Gottes Wort Antwort auf Fragen von höchster Aktualität, die unsere Zeitgenossen gerade heute umtreiben. Die in Millionen Exemplaren verbreiteten Däniken-Bücher (»Erinnerungen an die Zukunft« u. a.) beweisen doch, daß die Fragen: »Gibt es außer uns bewohnte Planeten?« — »Gab es bereits Kontakte mit Wesen aus dem Kosmos, oder sind solche zu erwarten?« — »Hatten wir in ferner Urzeit Besuch aus dem Kosmos?« — »Könnte unsere geplagte und gefährdete Erde Lehrmeister im Kosmos finden?« Millionen von Menschen bewegen. Wolfgang Jugel zeigt in diesem Buch, daß die Bibel diese Fragen längst behandelt und beantwortet hat — und sie enthüllt auch die zukünftigen Perspektiven. Dabei zeigt es sich, daß die Endzeit dieser Welt ihrer Urzeit entsprechen wird.

Wer sich anhand der Bibel und dieses Buches in die Kapitel 1. Mose 1—11 vertieft, der »erinnert sich tatsächlich an die Zukunft« — er findet in der Vergangenheit vorgebildet, was nach dem Zeugnis des letzten Bibelbuches in Kürze wieder da sein wird — und sich heute vorbereitet!

Darum nimm und lies! Wer dieses Buch gelesen hat, sieht unsere Zeit mit anderen Augen! Er wird aber auch gefragt sein, wie er zu Gott und Jesus Christus, zum Heiligen Geist und zur Bibel steht.

Dieses aktuelle Buch verdient es, zweimal gelesen zu werden, und auch anderen davon zu sagen. Was bei Däniken Wahrheit sein kann (nach der Bibel), erfahren Sie hier! Heinz Schumacher

## *Hinweise*

GN bedeutet »Genesis« = 1. Buch Mose.
JHWH erscheint vokallos als »Tetragramm« für JEHOVA, JAHWE.
NT bedeutet Neues Testament, AT Altes Testament.
ZW bedeutet Zahlwert der Buchstaben eines Wortes nach dem Hebräischen (oder Griechischen).

Das ungebräuchliche »Elohim« steht für »Götter«, diese für die auch im Neuen Testament genannten unsichtbaren Mächte des Lichtes und der Finsternis.

Im allgemeinen wurde der Text der »Elberfelder Bibel« verwandt, oftmals jedoch ergänzt und verändert durch bessere Übersetzungen oder vom Grundtext her.

*Inhalt*


Einleitung . . . . . . . . . . . . . . . . 9

*I. Der Garten in Eden — Vorbild des Messiasreiches* . . 14

*II. Begründer der Weltkultur* . . . . . . . . . . 21

Die Kainiten . . . . . . . . . . . . . . 21

Kontaktaufnahme mit kosmischen Geistermächten . 22

Hamiten setzen das Werk der Kainiten fort . . . 24

Die Großstadt als Nährboden der Sünde . . . . . 25

Städtegründer Nimrod . . . . . . . . . . 27

Kain und Abel — Menschenmörder und guter Hirte . 27

Genealogie der Sethiten . . . . . . . . . 29

Genealogie der Kainiten . . . . . . . . . 30

*III. Invasion der Götter* . . . . . . . . . . 32

Menschen auf fernen Planeten? . . . . . . . 32

Das Wesen des Menschen . . . . . . . . . 35

Göttersöhne besuchten unsere Erde . . . . . . 36

Die Göttersöhne zeugten die Riesen . . . . . . 38

Gottes Gericht durch die Flut . . . . . . . . 40

*IV. Unternehmen »OZMA«* . . . . . . . . . . 45

Bücher enthüllen die Sehnsucht nach kosmischen Kontakten . . . . . . . . . . . . . . . 46

Wissenschaftliche Bemühungen um Funkkontakte mit außerirdischen Wesen . . . . . . . . . . 48

Ost und West im gleichen Streben vereint . . . . 50

Kosmische Lehrmeister gesucht . . . . . . . 51

Satans bevorstehender Sturz . . . . . . . . 53

Erscheinen Engelmächte in Anpassung an heutige Technik? . . . . . . . . . . . . . . 54

Okkultismus im Vordringen . . . . . . . . 57

V. *Henoch, der Gottesprophet* . . . . . . . . . . 60
Henoch und Noah — zwei Arten der Errettung . . . 60
Das geistliche Werden Henochs — und das der Gemeinde heute . . . . . . . . . . . . . . 61
Henochs Entrückung — und die der Gemeinde . . . 67
VI. *Vorstoß ins Transzendente: Babel* . . . . . . . 71
Der Turmbau zu Babel . . . . . . . . . . . 72
Der Zweck des Turmes: Zugang zum Himmel — Kontakt mit außerirdischen Mächten . . . . . . . 74
Wissenschaft als Religion . . . . . . . . . . 77
Heutige Raumfahrt vollendet, was im Turmbau begann 80
VII. *Metropole Babylon* . . . . . . . . . . . . 87
Riesenstädte der Zukunft . . . . . . . . . . 88
Welche Stadt wird das endzeitliche Babylon sein? . . 90
Kennzeichen der Metropole Babylon . . . . . . 92
Versuch einer Lösung . . . . . . . . . . . 98
VIII. *Noah* . . . . . . . . . . . . . . . . . 101
Noah — Schiff im Sturm . . . . . . . . . . . 101
(Gottes Erstlinge im Völkermeer der Endzeit)
Noah — Die Sendung der Taube . . . . . . . . 109
(Die dreifache Sendung des Hl. Geistes)
Noah — Der Bogen des Friedens . . . . . . . . 119
(Die 7fache Lichtesfülle Jesu — gebrochen und widergespiegelt)
Skizze des 7flammigen Leuchters . . . . . . . . 122

»Ich habe erkannt, daß alles, was Gott tut, auf Dauer gelten wird. Es ist ihm nichts hinzuzufügen und nichts davon wegzunehmen; und Gott hat es also gemacht, damit man sich vor Ihm fürchte. Was da (in der Gegenwart) ist — längst war es (in der Vorzeit), und was sich in Zukunft ereignen wird — schon längst einmal hat es sich ereignet; denn Gott sucht das Vergangene wieder hervor« (Pred. 3,14-15).

»Das, was gewesen ist, ist das, was sein wird (d. h. die Vergangenheit wiederholt sich in der Zukunft); *und was einstens geschah, ist das, was (zukünftig) wieder geschehen wird.* Und so gibt es gar nichts wirklich Neues unter der Sonne. Gibt es etwas, von dem man sagt: ›Siehe, das ist neu!‹ — längst war es in der Urzeit (oder: in den Zeitaltern vor uns)« (Pred. 1,9-10).

Gestützt auf diese klaren Aussagen, haben wir dieses Buch mit dem Titel »Urzeit und Endzeit« versehen.

Wir sind davon überzeugt, daß die greisenhafte »Endzeit« eines Menschenlebens seiner kindhaften »Urzeit« entspricht, — nur mit den klareren Zügen der ausgereiften Ernte. Andererseits ist jede Saat mit den ihr folgenden Reifeperioden (in wachsender Deutlichkeit) eine Prophetie der Ernte.

Ist nicht der Greis eine letzte Profilierung dessen, was er als Kind war? So glauben wir auch, *daß die Endgemeinde der Urgemeinde entspricht, aber auch die Endzeit dieser Welt ihrer Urzeit.*

So kann die Urzeit der Welt in ihren Grundlinien zum Modell der Endzeit dieses Äons werden, weshalb Jesus sein Ende ja auch unter dem Bilde der Ernte sieht. Alle historischen Perioden und Ereignisse trugen letztlich dazu bei, die urzeitlichen Ansätze der Weltgeschichte immer wieder neu hervorzubringen, ja, mit größerer Nähe zur Endzeit, immer klarer auszuprägen.

Die Welt erlebt und durchleidet die Phasen eines menschlichen Individuums: Säuglingszeit, frühe Kindheit, jugendliche Reifezeit, Mannesalter und Greisenzeit. Von dem Psychotherapeuten Müller-Eckhard stammt das Wort: »Zur Zeit Mozarts hat die Welt zum letzten Male gesungen«, — sich Mut zugesungen vor dem Abstieg in die dunklen Keller ihrer verfallenden Existenz.

Jesus hatte sicher die Aussagen des »Predigers« in Erinnerung, als Er im Blick auf die Endzeit bezeugte:
»*Denn wie die Tage Noahs waren*, so wird die Wiederkunft des Menschensohnes sich gestalten.«
Man beachte, wie generell dies in Matth. 24,37-39 ausgesprochen wird; so stehen wir durchaus auf klarem Schriftgrund, wenn wir im Spiegel der Urzeit und ihrer grundlegenden Tendenzen die greisenhaften Züge der Endzeit erblicken. – Erst nach dieser allgemeinen Feststellung fährt Jesus spezieller fort:
»Wie sie nämlich in den Tagen vor der großen Flut schmausten und sich berauschten, heirateten und verheirateten bis zu dem Tage, da Noah in den Kasten ging, und es nicht bemerkten, bis die große Flut kam und alle hinwegraffte, so wird auch die Wiederkunft des Menschensohnes sich gestalten.«
Wenn wir in Gottes Wort etwas über die Ursprünge und die Urzeit dieser Welt finden wollen, so müssen wir das 1. Buch Mose befragen. Es trägt im hebräischen Kanon den Namen »b'reshit« (im Ursprung), im griechischen und lateinischen Kanon den Titel »Genesis« (Werden); dieser ist im Grunde eine Übersetzung des hebräischen Ausdrucks »toledoth« = Werden, Werdegeschichte, Entstehungsprozeß, Zeugung, keimhafter Ursprung.
Dieses Buch schildert uns wie kein anderes Buch der Bibel die Grundkonzepte und Werdelinien aller kommenden Verläufe der Welt- und Heilsgeschichte, aber auch der menschlichen Verfallsgeschichte. So ist es im besten Sinne ein prophetisches, wegweisendes Buch, und wir tun gut daran, es gründlich zu erforschen, wenngleich dies im Rahmen dieses Büchleins nur in skizzenhafter Kürze und nach einer sinnvollen Auswahl geschehen kann.
Wird nicht von den Gliedern der Christusgemeinde gesagt, daß auf sie *»die Endziele (oder: Resultate) aller Äonen«* gekommen seien (1.Kor. 10,11b)?
Die jüdische Tradition fragte sich: Warum beginnt der Schöpfungsbericht mit dem Buchstaben »beth« (= 2) im Worte »b'reshit« von GN (Genesis) 1,1, der Bericht über Gottes Gesetz im Worte »anochi« (ICH) von 2.Mos. 20,1 aber mit dem Buchstaben »aleph« (= 1)? Müßte es nicht umgekehrt sein? Liegt die Schöpfung nicht zeitlich vor der Gesetzgebung, und ist sie nicht darum Gottes erstes Werk?

Jüdische Lehrer gaben darauf die Antwort: Weil durch Gottes machtvolles Wort und Gesetz die Welt erschaffen wurde! Gottes Wort ist früher als alle Welt. Wie schön bezeugt uns dies Johannes 1, fügt aber der Aussage der Synagoge hinzu, daß dieses göttliche Wort, das die Welten erschuf, nicht eigentlich die »thora« (= das Gesetz), sondern Jesus, Gottes eingeborener Sohn war. – Die GENESIS, das 1. Buch Mose, ist also das Buch des Werdens und der prophetischen Werdelinien.

Wie köstlich, daß sich das erste neutestamentliche Buch mit dem Titel einführt: »Buch des W e r d e n s Jesu Christi« – nämlich Seines Werdens aus der Reihe der Vorväter Israels (Matth. 1,1).

So berichtet uns das 1. Mosebuch vom Werden der Schöpfung, des Chaos und der Sünde; es zeigt das Werden der Menschheit, der ersten Großstadtkulturen und der Völker; es beschreibt die werdende Dämonisierung der vor- und nachsintflutlichen Menschheit, aber auch das Werden Babylons, der »Mutter der Huren und aller Greuel der Erde, eine Behausung von Dämonen, Gefängnis jedes unreinen Geistes und gehaßten Vogels« (Offb. 17,5; 18,2). Doch auch das Werden Abrahams und seines Glaubens sowie das Werden der Väter Israels ersteht vor unserem geistlichen Auge.

Die 12 ersten Kapitel der Genesis gliedern sich in 4 x 3 Abschnitte (analog den 4 x 3 Stämmen in der Lagerordnung Israels), wobei sich selbst der symbolische Wert der Kapitelzahlen deutlich zu erkennen gibt.

GN 1 Die Schöpfung (vgl. Offb. 21/22: die Neuschöpfung)

GN 2 ADAM, der König Gottes, in Eden (Offb. 19: der letzte Adam und seine Hochzeit)

GN 3 Satans erste Menschenverführung und der Fall Adams (Offb. 20,7-10: Satans letzte Menschenverführung)

GN 4 Kain und Abel; die Kainiten (Offb. 13: der Drache und das Lamm)

GN 5 Die Linie Seths (Offb. 7/14: die heilige Auswahl)

GN 6 Die Invasion der Götter; Ankündigung des Gerichts (Offb. 12,7-12)

GN 7 Die große Flut und die Arche der Rettung (Offb. 12,1-6. 13-17)
GN 8 Der Neubeginn (Offb. 19,6-10)
GN 9 Gottes Bund und Friedensbogen (Offb. 4,1-4)

GN 10 Die Völkertafel und erste Großstadtgründungen (Offb. 17,1-6)
GN 11 Der Turmbau zu Babel (Offb. 17/18: das endzeitliche Babylon)
GN 12 Abrahams (und in ihm: Israels) Berufung (Offb. 12,1-2)

So bietet die »Offenbarung« (eig. »Enthüllung Jesu Christi«) als das l e t z t e Buch der Bibel die heilsgeschichtliche Erfüllung des e r s t e n Buches, zeigt die Vollendung des Werdens.
In prophetisch-endzeitlicher Beleuchtung bieten sich folgende Themenkreise an:
Der Same des Bösen und der Same des Reiches, Leib Christi und »Körper« des Antichristen — Der Einbruch der Götter und die fortschreitende Dämonisierung der Welt, ausmündend in der Zeugung des Antichristen — Der Griff nach der All-Macht, der Vorstoß ins Transzendente — Die Flut dämonischer Geister — Endzeitliche Großstadtkulturen und »Türme« der Welteinigung im Zeichen der Magie — Rettung vor dem Gericht und durch das Gericht hindurch — Der Heilige Geist im Zeichen der Taube, und der Bogen des Friedens im Reiche des Messias — Israels Berufung in Gottes Land und der wiederhergestellte Gottesgarten Eden.
Daß hierbei auch ungewöhnliches oder gar befremdliches Gedankengut dargeboten wird, gründet in dem Bemühen, »allem zu glauben, was geschrieben steht im Gesetz und in den Propheten« (Apg. 24,14); bei weitem nicht alles, was Gottes Wort bezeugt, ist ja Gemeingut der glaubenden Gemeinde. Dabei wurde immer wieder versucht, die Brücke zu gegenwärtigen Entwicklungen zu schlagen. »Unternehmen Ozma« und »Metropole Babylon« sind überarbeitete Nachdrucke aus den Zeitschriften »Gnade und Herrlichkeit« und »Morgenland«.

Einige Gottesworte sollen uns einstimmen in den gewaltigen Themenkreis:

| | |
|---|---|
| Eph. 3,9: | Das Geheimnis des göttlichen Heilsplanes ist von Urzeiten her verborgen in Gott. |
| 5.Mos. 33,17: | »Deine Wohnung (Israel) ist der Gott der Urzeit, und unter dir sind ewige Arme ausgebreitet!« |
| Ps. 77,5: | »Ich durchdachte die Tage vor alters, die Jahre der Urzeit, sann nach in meinem Herzen, es forschte mein Geist.« |
| Hes. 26,20 | gibt Kunde vom Volke der Urzeit, das im Totenreiche (in der Scheol) liegt, und der Christus klagt im Tode: |
| Ps. 143,3-5: | »Der Feind macht mich wohnen in Finsternissen, gleich den Toten der Urzeit... ich gedenke der Tage der Urzeit« (s. Klagelieder 3,6). |
| Ps. 24,7 | befiehlt: »Erhebet, ihr Tore, eure Häupter, erhebet euch, urzeitliche Pforten, daß der König der Herrlichkeit einziehe . . .« (Seine Ausgänge sind von der Urzeit her: Micha 5,1). |
| Jes. 46,9-10: | »Gedenket der Anfänge von der Urzeit her, daß ich GOTT bin und keiner wie ICH, der ich von Urbeginn an das ENDE verkünde, und von der Urzeit an, was noch nicht Geschichte ward; der ich spreche: Mein Ratschluß soll sich verwirklichen, und all mein Wohlgefallen werde ich ausführen!« |

# I. Der Garten in Eden - Vorbild des Messiasreiches

»Er liebte den Ackerbau« — dies wird, offensichtlich lobend, in 2. Chron. 26,10 von Israels König Ussija (oder: Asarja) ausgesagt; wohl wie kein anderer spiegelt dieser Mann in den beiden Phasen seiner Herzensstellung zu Gott Herrlichkeit und Fall »Luzifers« wider.
Der »Prediger« aber berichtet: »Ich pflanzte mir Weinberge; ich bereitete Gärten und Parkanlagen und pflanzte darin Bäume von allerlei Frucht; ich schuf Wasserteiche, um aus ihnen den baumreich sprossenden Wald zu bewässern« — wahrlich, nicht die geringste von den »eitlen« Freuden unter der Sonne! Und in Jer. 29,5 befiehlt JHWH, der Gott Israels, den Weggeführten zu Babel: »Bauet Häuser und bewohnet sie, pflanzet Gärten und esset ihre Frucht!«
Die pflegende, naturverbundene Arbeit an Erde, Acker und Garten ist dem Menschen urtümlich anerschaffen; sie könnte in unserer zivilisatorisch hochstehenden, aber neurosenreichen Zeit manchem hilfreich sein. Den Erdboden zu bebauen und zu bewahren, ist die natürlichste und bekömmlichste Arbeit für den Menschen. Das Verlangen nach Wiese und Garten, und seien sie noch so klein, entspringt dieser ursprünglichen Veranlagung. Diese aber geht letztlich zurück auf Gottes eigene Tätigkeit, die der Christus in Seiner ersten Offenbarung und Erniedrigung ausführte. Lesen wir doch in GN 2,8:

**»Und JHWH-ELOHIM (Jehova-Gott) pflanzte einen Garten in EDEN (= Wonne, Lieblichkeit, Lust), und Er setzte dorthin den ADAM, den Er gebildet hatte. Und JHWH-ELOHIM ließ aus dem Erdboden sprossen Bäume jeglicher Art — nach Aussehen begehrenswert und gut zur Speise — und den Baum des Lebens im Zentrum des Gartens, sowie den Baum des Wissens um Gut und Böse.«**

Das Werk des dritten Schöpfungstages ersteht hier von neuem, da das trockene, grünende Land als Grundlage der Pflanzen- und Tierwelt, als »Ort der Gemeinschaft« aus den Verderbensfluten des Urmeeres auftauchte (man beachte hierzu den Beitrag über den

Friedensbogen Noahs); dies wiederholt sich durch die Pflanzstätte Gottes in Eden; sie ist das »Land im Lande«, Kolonie und heiliger Sperrbezirk JHWH's zur Ermöglichung Seiner Gemeinschaft mit dem Adam. Dorthin setzte Er Adam, dort geschah die Offenbarung Seines Namens.
Sicherlich lag Gottes Garten im Zentrum der einen Kontinentalscheibe; das »Abtreiben« der Kontinente nach dem Zerreißen des Urkontinentes wurde durch neue weltweite Messungen in den letzten Jahren nachgewiesen. Nach dem Entweichen des Paradieses und der dort geoffenbarten Christusherrlichkeit ist — wie ein letzter Nachklang — Jerusalem noch heute Drehscheibe der Kontinente Afrika, Asien und Europa, »Nabel der Erde« (Hes. 38,12). Ob auch für diesen »Nabel« Heilung ist? Sprüche 3,8 bezeugt es. — Wenn wir den Garten in Eden als »heiligen (d. h. abgesonderten, abgegrenzten) Sperrbezirk JHWH's« beschreiben, so müssen wir daran denken, daß zwar die biologische Neuschöpfung der Erde geschehen war (1.Mose 1 ab Vers 3), jedoch noch nicht ihre geistliche Erneuerung. Die Existenz der Schlange in Eden deutet darauf hin, daß schon damals »der Kosmos im Bösen« lag und Satan als »Fürst dieses Kosmos« regierte; diesen hatte er ja in seinen urzeitlichen Fall und damit ins Chaos hineingezogen.
Für Seinen König und Statthalter Adam erschafft JHWH nun das »Land im Lande«, eine Stätte, die Ihm den Offenbarungsdurchbruch Seiner Herrlichkeit im Kosmos ermöglicht. In einer ähnlichen Ausnahmesituation stehen später das kultisch abgesicherte Lager Israels, Israel als Ganzes gegenüber den Göttern der Weltvölker, sowie alle »Heiligen« (d. h. Abgesonderten) der Christusgemeinde (Gal. 1,4. 15). Geistlich gesehen ist diese Gemeinde heute Gottes Heiligtumsbereich, — das den Göttern entrissene Stück der endlichen Wirklichkeit zur Offenbarung Seines Gotteslebens. Wie die Gotteswolke (Schekhina) im Lager Israels thronte, so wohnt der Heilige Geist in allen Glaubenden, obgleich sie sich äußerlich noch inmitten der kosmischen Finsternis befinden. Unübertrefflich wird dies in Kol. 1,12 ausgesprochen:
»Danksaget dem Vater mit Freuden, — der uns angepaßt hat zur Teilnahme am Erbteil der Heiligen in dem Lichte, der uns der Rechtsbefugnis der Finsternis entrissen hat, der uns versetzt hat in das Königreich des Sohnes Seiner Liebe (Jesus).«

Die grüne Lebensfarbe des dritten Tages, da das Land dem Todesbereich des alles überflutenden Urmeeres entstieg — wie später der Sohn dem Totenreich —, erneuert sich in der Sonderschöpfung des Gottesgartens in Eden und vollendet sich im Paradies Gottes während des Messiasreiches und auf der neuen Erde. Dann »wird dem Sieger zu essen gegeben werden vom Baume des Lebens, der im Paradiese Gottes ist« (Offb. 2,7), und die Blätter dieses am Gottesstrome wachsenden Baumes dienen zur Heilung (Therapie) der noch nicht erneuerten Nationen (Offb. 22,1-3).
In GN 3,23-24 lesen wir von der Aufhebung des heiligen Sonderstatus für Adam:

**»Und JHWH trieb Adam aus dem Garten Eden hinaus, um den Erdboden zu bebauen, davon er genommen ist; und Er trieb den Adam aus und ließ östlich vom Garten EDEN die CHERUBIM lagern und die Flamme des kreisenden Schwertes, um den Weg zum Baume des Lebens zu bewachen.«**

Die Konkordante Wiedergabe übersetzt (mit der Septuaginta): »Und Er trieb aus den Menschen und ließ i h n weilen gen Osten vom Garten Eden. Und Er setzte die CHERUBIM und ein flammendes, sich drehendes Schwert, zu bewahren den Weg zum Baume des Lebens.«
Nun dürfen wir uns das nicht so vorstellen, als ob wir heute noch irgendwo im Zweistromland oder in der Nähe Jerusalems das Paradies finden könnten — bewacht von schwerbewaffneten Engelmächten! Ein biblischer Gedanke soll uns das Verstehen erleichtern: So wie Jesus auf dem Ölberg von Seinen Jüngern wich, wird Er wiederkommen am Ende der Tage (Apg. 1,11). Und wie die heilige Stadt (das neue Jerusalem, das Gottesparadies) »wie eine für ihren Mann geschmückte Braut« aus den Dimensionen der unsichtbaren Gotteswirklichkeit »h e r n i e d e r k o m m e n« wird, — so wird die Wirklichkeit des Gottesgartens nach dem Falle Adams in das »unzugängliche Licht« entschwunden sein (Offb. 21,2; 1.Tim 6,16).
Die bewachenden Cherubim samt der lodernden Flamme des kreisenden Schwertes aber werden wohl die »Sperre zwischen den Dimensionen« geschaffen haben, die es dem Menschen unmöglich macht, in Gottes unerschaffene Realität vorzudringen; dort w o h n t

allein der Vater, während selbst die Engelfürsten nur bis zu Seinem kosmischen Thron vorzudringen vermögen. Diese kosmische Trennung wird von dem schweren Vorhang dargestellt, der — mit eingewebten Cherubim — schon in der Stiftshütte Heiliges und Allerheiligstes voneinander trennte. Selbst mit Lichtgeschwindigkeit kann man die Dimensionen der Gotteswelt nicht erreichen, auch wenn man sie vielleicht eines Tages physikalisch erahnen und mathematisch erfassen kann. Die »Flügel der Morgenröte«, die der Flüchtling vor Gott in Psalm 139,9 erwägt, sind nichts anderes als die heute vielgenannte Lichtgeschwindigkeit.

Die »Flamme des kreisenden Schwertes« ist wohl identisch mit jenem »Schleier . . . der alle Stämme verschleiert« und mit der »Decke, die über alle Nationen gedeckt ist«; diese stehen wiederum in einem engen Zusammenhang mit dem Tode, da JHWH beide, den Schleier und den Tod, »verschlingen wird in den Sieg« (Jes. 25,7-8; 1.Kor. 15,54). Ob wohl der »Van-Allen-Strahlungsgürtel« und weitere die Erde umgebende magnetische Schutzzonen, welche die todbringenden Strahlungsstürme des Kosmos abschirmen, eine Entsprechung dazu bilden? (Man lese hierzu: Hoimar v. Ditfurth: »Kinder des Weltalls«.) Wir werden einmal darüber erstaunen, wie real alles ist, was uns Gottes Wort in bisweilen unverständlichen Bildern bezeugt. Darum mußte Paulus im Geiste »entrückt werden in den dritten Himmel, das Paradies Gottes«, um dort »unaussprechbare Worte« zu hören (2.Kor. 12,1-4). —

Inmitten des Gottesgartens aber stand der Baum des Lebens und der Baum des Wissens um Gut und Böse — Wissen und Erkennen in einem letzten, absoluten Sinn, wie es allein Gott zukommt. Wenngleich wir von der wirklichen Existenz dieser Bäume in Eden ebenso überzeugt sind wie von dem Lebensbaum aus Offb. 22, 1-3, so besitzen sie doch auch einen prophetischen Sinn: Der Lebensbaum, gepflanzt an Wasserbächen des Heiligen Geistes, dessen Blatt nicht verwelkt und der Frucht bringt zur gottbestimmten Zeit, ist Jesus der Messias. ER ist der Gerechte aus Ps. 1, der Vollmensch und letzte ADAM. IHM gelingt alles, was Er tut!

In ähnlicher Weise sind die Gerechten an Geistesströmen und vielfältigen Kanälen Seines Segens gepflanzt! (Ein Hinweis darauf, daß diese prophetisch-symbolische Deutung der Bäume im Garten

Eden biblisch ist, findet sich in Hes. 31,1-18 im Vergleich mit K. 28,13; dort ist wohl an das Ur-EDEN in der Himmelswelt gedacht, wo sich außer dem Lebensbaume Christus die Fürsten und Gewaltigen Gottes vor ihrem Fall befanden.)

4 Ströme bewässerten nach GN 2,10-14 Gottes Garten:

1. der PISON (= in Katarakten überströmend / ZW 446)
2. der GIHON (= Durchbruch durch alle Widerstände / ZW 77)
3. der HIDDEKEL oder: Tigris (= der Pfeilschnelle / ZW 142)
4. der PHRAT (Euphrat) (= überfließende Fruchtbarkeit / ZW 680)

Wer würde hier nicht an die vier Segenskanäle urchristlicher Gemeinschaft erinnert? Um Bäume zu werden, »von denen man ißt« (Hes. 47,12), müssen wir mit den ersten Christen »bleiben in der Lehre der Apostel, in der Gemeinschaft, im Brechen des Brotes und in den Gebeten« (Apg. 2,42). Nur so werden wir dem Lebensbaume aus Psalm 1 ähnlich.

Ist nicht die Lehre der Apostel »überströmend«, überfließend bis zum vollendeten Gotteswort (Kol. 1,25)?

Verhilft nicht ein Bleiben in der Gemeinschaft mit dem Vater und dem Sohne und mit allen Heiligen zu »Durchbruch« und Sieg gegenüber allen Widerständen?

Ist nicht gerade das Brotbrechen der »Pfeil«, den wir in der Siegesverkündigung des Todes Jesu in die unsichtbare Welt »abschießen«, wenn Er selbst uns »einen Tisch bereitet angesichts unserer Feinde«?

Und führt uns nicht das Gebet zu »überfließender Fruchtbarkeit«?

Wie trefflich wird die Bedeutung der vier Gottes Garten bewässernden Ströme in Phil. 1,9-11 zusammengefaßt, wo Paulus über den Lebensdurchbruch sagt:

»Und darum bete ich, daß eure Liebe immer mehr *überströme* in Erkenntnis und jeglicher Einsicht, damit ihr imstande seid zu prüfen, was das (jeweils) Vorzüglichere sei, damit ihr sonnenklar und ohne Anstoß seid bis auf den Tag Christi, *vollerfüllt mit der Frucht der Gerechtigkeit,* die durch Jesus Christus zur Verherrlichung und zum Preise Gottes bewirkt wird.«

Die Frucht des Lebensbaumes ist das Leben. Dieses aber konnte nur dadurch ermöglicht werden, daß der Messias auch zur »Schlange am Holz« wurde, zum Fluche und zur Sünde, zum Baum der Erkenntnis des Guten und des Bösen. *Jesus am Kreuz ist als der zur Sünde Gemachte das absolut Böse, das Gott vernichtend richten mußte — doch zugleich in Seinem vollkommenen Sohnesgehorsam das absolut Gute.* »Er hat unsere Sünden hinaufgetragen auf das Holz« (1.Petr. 2,24; Joh. 3,14-16; 4.Mos. 21). Nicht von ungefähr sind die Worte »Schlange« und »Messias« im Hebräischen durch denselben Zahlwert 358 geprägt.

Im Verlaufe der Heilszeiten wurden der Lebensbaum und der Baum der Erkenntnis des Guten und des Bösen in IHM eins: Erkenntnis der Sünde durch Seinen Geist (Joh. 16,8), Erkenntnis des Geheimnisses Gottes (Eph. 1,17-19) und göttliches Leben aus dem Geist (Röm. 8,2) werden uns nun in Ihm zuteil.

Im messianischen Reich wird Israel wie der Garten Eden werden:

»Ein verschlossener Garten ist meine Schwester, Braut, ein verschlossener Born, eine versiegelte Quelle. Was dir entsproßt, ist ein Lustgarten..., eine Gartenquelle, ein Brunnen lebendigen Wassers . . . Wache auf, Nordwind, komm, Südwind, durchwehe meinen Garten, laß strömen seine Wohlgerüche! *Mein Geliebter komme in Seinen Garten* und esse die Ihm köstliche Frucht!« (Hohesld. 4,12-16). — ER wird in Seinen Garten kommen und die Bitte Seiner Braut erfüllen! Noch vor dem ersten Einfall Gogs aus dem Lande Magog wird Israel dem Garten Eden gleichen, der dann allerdings noch einmal verwüstet wird (Joel 2,1-4). Im Reiche des Messias aber wird sich verwirklichen, was in Jesaja 58, 8-12 und 61,1-3 geschrieben steht:

»Und du wirst sein *wie ein bewässerter Garten* und wie ein Wasserquell, dessen Gewässer nicht trügen. Und die aus dir kommen, werden die Trümmer der Urzeit aufbauen; die Grundmauern vergangener Generationen wirst du aufrichten, und du wirst genannt werden: Vermaurer der Lücken, Wiederhersteller bewohnbarer Straßen« (V.11/12).

». . . um den Trauernden Zions aufzusetzen und ihnen zu geben:

Kopfschmuck statt Asche,
Freudenöl statt Trauer,
ein Herrlichkeitsgewand statt eines verglimmenden Geistes;
damit sie genannt werden können: *Terebinthen der Gerechtigkeit, eine Pflanzung JHWH's zu Seiner Verherrlichung.«*

Wir kehren zum Ausgangspunkt zurück. Worin bestand der königliche Adel des ersten Adam, sein von Gott verliehenes Königspriestertum? Er sollte nach GN 2,15 den Garten Gottes »bebauen und bewachen (oder: bewahren)«. Diese Aufgabe des Gärtners Gottes sollte anheben im Kolonisationsgebiet des JHWH-ELOHIM, sodann aber sich ausweiten zur Herrschaft über das ganze Schöpfungsall (Ps. 8). Das Bewahren und Bauen Adams aber findet auch hierin nicht seine letzte Erfüllung; diese hebt erst in der Wiederherstellung durch den »letzten Adam«, Jesus Christus, an (1.Kor. 15,20-28. 44-50). Das Ziel Seiner Herrschaft über alle Kreatur ist ihre Erhebung in den Adelsstand der »Freiheit der Herrlichkeit der Söhne Gottes« (Röm. 8,21) — d. h. zur Freiheit der Söhne Gottes im Zustand der Verherrlichung.

Ob auch darin ein symbolischer Sinn zu finden ist, daß Jesus in einem Garten Seinen Willen zum Einklang mit Gottes Willen brachte, in einem Garten Seine letzte Ruhestätte fand, und daß Maria Magdalena bei ihrer Begegnung mit dem Auferstandenen meinte, »es wäre der Gärtner« (Joh. 20,15)?

Denken wir doch zurück an den ersten Gärtner: »JHWH pflanzte einen Garten in Eden!«

Auch in der Gemeinde Jesu gelten die zeitüberdauernden »gärtnerischen« Prinzipien des adamitischen Königspriestertums. 1. Korinther 3,5-9 soll uns dies abschließend zeigen:

»Was ist denn Apollos, und was ist Paulus? Diener sind sie, durch die ihr zum Glauben kamet; und zwar dient jeder von uns beiden so, wie der Herr es ihm verliehen hat: ich habe gepflanzt, Apollos hat begossen, Gott aber hat das Wachstum gegeben. Somit ist weder der Pflanzende noch der Begießende (für sich allein) etwas, sondern allein der das Wachstum verleihende Gott. Der Pflanzende hingegen und der Begießende sind einer wie der andere, doch wird jeder seinen besonderen Lohn empfangen nach seiner speziellen Arbeit. Denn Gottes Mitarbeiter sind wir; Gottes Ackerfeld, Gottes Bauwerk seid ihr.«

# II. Begründer der Weltkultur

Nach W. J. Pasedag (Heilsgeschichte in Zahlen, Bd. I) erlebte die Erde im Jahre 666 nach Adam die »gesteigerte Kultur der Kainiten«. GN 4,16-17. 20-22. 26 liegt dieser Aussage zugrunde:

**»Und KAIN entfloh dem Angesicht JHWH's und wohnte im Lande NOD (= Flucht), östlich von EDEN.**
**Und Kain erkannte sein Weib, und sie ward schwanger und gebar HANOCH. Und er wurde ein S t ä d t e b a u e r und benannte die Stadt nach dem Namen seines Sohnes HANOCH ...**
**Und ADA gebar JABAL: dieser war der Stammvater der Z e l t b e w o h n e r und H e r d e n b e s i t z e r.**
**Und der Name seines Bruders war JUBAL: dieser war der Stammvater aller derer, die mit der D r e h l e i e r (Harfe) und der H i r t e n f l ö t e umgehen.**
**Und ZILLA, auch sie gebar, TUBALKAIN – einen S c h m i e d (Hämmerer) von allerlei Schneidewerkzeug aus Erz und Eisen. Und die Schwester Tubalkains war NAAMA ... Zu jener Zeit** (da Seth und Enosch dem Adam geboren waren) **fing man an, den Namen JHWH** (profanierend, oder: zum Zwecke der Beschwörung) **auszurufen.«**

D i e K a i n i t e n

| | |
|---|---|
| KAIN | — Stammvater der Städtegründer |
| JABAL | — Stammvater der nomadischen Hirten |
| JUBAL | — Stammvater der Musiker |
| TUBALKAIN | — Stammvater der Schmiede von Gerät und Waffen |

Die ersten Ansätze zu Zivilisation und Kultur gehen bezeichnenderweise aus von einem Mörder auf der Flucht. Eine Zeit plötzlicher Erfindungen hebt an, und neben steinzeitlichen Völkerschaften stehen Hochkulturen, die ohne längere Entwicklung gleichsam »vom Himmel fielen« und von Anfang an schon die Züge der Perfektion trugen. Wie sehr zivilisatorischer und technischer Fortschritt an die Traditionen gebunden ist, die von Generation zu Generation weitergegeben werden, und nicht an eine oft behauptete Höherentwicklung des Gehirns, zeigt sich noch heute im Nebeneinander von Steinzeit-Niveau und Hochkultur. Die Träger der neuen Ideen waren weniger »Stammväter« im Sinne der biologischen Abstammung, sondern vielmehr im Sinne eines »metaphysischen Zentrums«, als Mittelsmänner anderer Mächte. Die von Paulus in Kol. 2,8 genannten »Elementarmächte des Kosmos« sind die eigentlichen Zentren der tragenden Ideen und Ideologien der Menschheitsgeschichte; aus dieser Quelle fließen die vorwärtstreibenden Beiträge, geschichtsträchtigen Momente und epochemachenden Erfindungen. Nicht umsonst macht er diese unsichtbaren Mächte für die philosophischen Systeme und Menschentraditionen verantwortlich.

## Kontaktaufnahme mit kosmischen Geistermächten

Das (auch im NT zitierte) apokryphe Henochbuch führt das plötzliche Auftauchen perfekter Kulturen und ihrer Erfindungen auf den in GN 6 geschilderten Einbruch der Götter zurück. Die dort bezeugte Vermischung der Geister- und Menschenwelt, der »Elohim« (Götter — siehe GN 6,2.4 und Ps. 82,1) mit den Töchtern der Menschen, brachte »Helden«, geistvolle »Titanen« und »hochberühmte Männer« hervor, die der Menschheit vor der Sintflut ein neues Gesicht gaben.

Der erste Menschenmörder, der vom Angesicht JHWH's hinwegflieht (das hier noch mit dem geographischen Ort des Gartens Eden identifiziert wird), steht unter dem Protektorat dessen, der ein »Menschenmörder von Urbeginn« ist (Joh. 8,44), und unter dem Einfluß seiner Mächte.

Kulturelle und zivilisatorische Errungenschaften stehen also nicht von vornherein unter göttlichen Vorzeichen, sondern können auch den geschichtswirkenden Maßnahmen des Fürsten dieses Kosmos entstammen. Man denke nur an umwälzende Entdeckungen wie die der Atomenergie, um zu erkennen, wie doppelbödig jede Erfindung in ihren Auswirkungen sein kann. Wie die Alten sagten, ist der »Genius« oft der Träger eines »Dämons«. So lesen wir in 1.Joh. 3,12: »KAIN war aus dem Bösen und ermordete seinen Bruder; und weshalb ermordete er ihn? Weil seine Werke böse waren, die seines Bruders aber gerecht.«

Der Mensch begann schon in den Zeiten Enoschs, Kontakte mit unsichtbaren Mächten aufzunehmen; damals begann man, mit dem (von Adam überlieferten) Namen JHWH Zauberei zu treiben und ihn profanierend, zum Zwecke der Beschwörung auszurufen (nicht, wie in den meisten Übersetzungen: anzurufen). Dieser Ruf in die Weiten des Kosmos — auf anderem Wege als mit den heutigen technischen Mitteln — bildete wohl das Vorspiel zu dem in GN 6 geschilderten Ereignis.

Die meisten jüdischen Kommentatoren sehen in der Formulierung von GN 4,26 den Beginn des Götzen- und Dämonendienstes. So heißt es im »Targum Jonathans«: »Das war die Generation, da der Irrwahn begann, wo sie sich selbst Götterbilder fertigten und ihre Idole mit dem Namen des Wortes JHWH's belegten.«

Die Companion-Bibel bemerkt hierzu: »Wenn Jonathan, der Enkel Moses, der erste Götzenpriester in Israel wurde (s. Richt. 18,30), so ist es nicht verwunderlich, daß Enosch, der Enkel Adams, den Götzendienst in die Menschheit einführte.«

*»Den Namen JHWH ausrufen«* bedeutet hier, ihn zum Zwecke magischer Götterbeschwörung zu mißbrauchen, wie dies auch im Satans- und Hexenkult unserer Tage und in vielen okkulten Praktiken geschieht. Das Gottesgebot aus 2.Mos. 20,7 wird darum nach dem Hebräischen eigentlich lauten:

»Du sollst den Namen JHWH's, deines ELOHIM, nicht ins Wahnhafte erheben (ihn zauberisch, zum Zwecke der Beschwörung oder des Fluches mißbrauchen), denn JHWH wird den nicht ungestraft lassen, der Seinen SCHÄM (Namen) zauberisch mißbraucht!«

Die große Flut wurde von Gott angeordnet, um die Folgen der Götterinvasion und die verderbte Generation mit ihren »Errungenschaften« auszulöschen. Doch wie wir noch sehen werden, ereignete sich der Einbruch kosmischer Mächte offensichtlich noch einmal nach der Flut. Der Mensch als Mittler zwischen Geist und Fleisch, zwischen Engel und Tier, verlockt jene Geistermächte offensichtlich in einer besonderen Weise zur Kontaktaufnahme und Vermischung. Er ist ja »Bürger beider Hemisphären«. Der Turm von GN 11 ist Wahrzeichen des Versuchs der nachsintflutlichen Menschheit, das Kommen der Götter erneut heraufzubeschwören, um wiederum Anregungen kosmischer Lehrmeister zu empfangen.

So erleben auch die Städtegründungen und kulturellen Leistungen der kainitischen (vorsintflutlichen) Epoche durch die Söhne HAMS eine Neuauflage nach der Flut. Immer wieder sucht und findet der Feind seine »Erstgeborenen«, die, den Göttern geweiht, ihm zur Verwirklichung seiner Gedanken dienen; es ist eine satanische Vorwegnahme dessen, was heute durch Christus und im Heiligen Geist an den »Gliedern Christi« und in Seinem »Leibe« geschieht. Darum wurden in der Nacht des EXODUS (des Auszuges Israels) nicht nur die »Götter Ägyptens«, sondern auch ihre Medien, die Erstgeborenen der Ägypter, gerichtet (2.Mos. 12,12).
Gott erbaut sich einen Tempel, indem Er Seinem Christus einen Leib bereitet, — die Ihm zugeordnete Gemeinde; Satan jedoch erbaut sich während dieser Weltzeit den Körper des kommenden Antichristen. Dem »Samen des Bösen« stehen die »Söhne des Reiches« gegenüber (Matth. 13,36-43). Wie wir noch sehen werden, läuft neben der Linie der Kainiten die Linie der auserwählten Sethiten: Weizen und Unkraut, Unkraut im Weizen.
KAIN und HAM stehen über die Flut hinweg zwar nicht in einer stammesgeschichtlichen, wohl aber in einer geistig-metaphysischen Verbindung, denn dieser vollendet, was jener begann (GN 10,6-12):

**»Und die Söhne HAMS: KUSCH und MIZRAIM und PUT und KANAAN.**
**Und die Söhne KUSCHS: SEBA und HAWILA und SABTA und RAGHMA und SCHEBA und DEDAN.**
**Und Kusch zeugte NIMROD: der fing an, ein Gewaltiger** (Gewalthaber, Despot, Held) **zu sein auf der Erde. Er ward ein gewaltiger Jäger** (ein Held der Jagd) **vor JHWH. Darum sagt man noch heute: ›Wie NIMROD — ein gewaltiger Jäger vor JHWH!‹**
**Und der Anfang seines Königreiches waren BABEL und EREK und AKKAD und KALNE im Lande Sinear.**
**Von diesem Lande zog er aus nach Assur und baute NINIVE und RECHOBOT-IR und KALACH und RESEN zwischen Ninive und Kalach: das ist jene Großstadt.«**

Somit ist die Liste angewachsen:

| | | |
|---|---|---|
| 1. Städtegründer | 3. Musiker | 5. Despoten |
| 2. Herdenbesitzer | 4. Schmiede | 6. Jäger |

Und die vollständige Städteliste:

| | |
|---|---|
| 1. HANOCH | (= unterrichtet, eingeweiht, belehrt) ZW 84 |
| 2. BABEL | (= Verwirrung, Pforte der Götter) ZW 34 |
| 3. EREK | (= Ausdehnung, Länge) ZW 221 |
| 4. AKKAD | (= Burg, Festung) ZW 25 |
| 5. KALNE | (= Festung des ANU, der Vollendung) ZW 105 (106) |
| 6. KALACH | (= Saft, Frische, Reife, Kraft) ZW 58 |
| 7. NINIVE | (= Wohnsitz Ninus, des Sohnes) ZW 121 |
| 8. RECHOBOT-IR | (= offener Vorplatz, breite Straßen) ZW 610 + 280 |
| 9. RESEN | (= Zaum, Zügel, Gebiß / Kopf der Quelle) ZW 310 |

## Die Großstadt als Nährboden der Sünde

Der Mensch kehrt sich ab von der Natur und gibt sich den Großstädten als Zentren der Kultur und Überfeinerung hin; dies war schon immer nicht nur Motor des Fortschritts, sondern auch Nährboden der Sünde, der Vermassung, ungezählter Neurosen, gehäufter Kriminalität und jeglicher Verführung. Die Großstädte sind nicht nur Zentren der Industrie, des Verkehrs und kulturellen Lebens, sondern auch metaphysische Zentren. Die Charakterisierung NINIVES in Nahum 3,1-4 ist geradezu ein Vorgriff auf das Wesen des endzeitlichen Babylon: »Wehe der blutbefleckten Stadt, ganz angefüllt mit Betrug und Gewalttat, die kein Ende des Raubens findet! . . . Und das alles wegen der vielen Hurereien der holdseligen, verführerischen Hure, die ganze Völker mit ihrer Hurerei berückte und Völkerschaften mit ihren Zauberkünsten umgarnte.«

So könnte man auch kennzeichnen:

| | | |
|---|---|---|
| BERLIN | — | Zentrum der Kunst und Literatur (in den zwanziger Jahren) |
| MOSKAU | — | Zentrum der Macht des Weltbolschewismus |
| NEW YORK | — | Zentrum der kapitalistischen Geldwirtschaft und der UNO |
| MEKKA | — | Zentrum des Islam |
| ROM | — | Zentrum abendländischen Rechts und der katholischen Religion |
| WASHINGTON | — | Zentrum westlicher Machtpolitik |
| JERUSALEM | — | Zentrum des Judentums, des Christentums und des Islam |
| PARIS | — | Quelle der europäischen Revolutionen und der Modediktatur |

Manche der heutigen Großstädte sind geradezu Brutstätten des Lasters in allen seinen perversen Formen, Eiterbeulen und Krebsgeschwüre am Leibe der Menschheit. Das endzeitliche BABYLON wird die großstädtische Endgestalt der mit KAIN begonnenen Entwicklung sein, — eine »Mutter der Huren und Greuel der Erde, Behausung von Dämonen und Gewahrsam jedes unreinen Geistes und gehaßten Vogels« (Offb. 17,3; 18,2).
Die fortschreitende Landflucht und Bevölkerungsexplosion drängen ohnehin auf die Gestaltung landverschlingender METROPOLEN ungeahnten Ausmaßes hin, die ganze Provinzen — gleich dem Ruhrgebiet — umfassen werden. Die mittelalterliche Idylle der inmitten von Wäldern und Feldern liegenden Bürgerstadt wird sich wandeln; inmitten riesiger Großstadtflächen werden kleine, geschützte Landflächen liegen. »METROPOLIS« oder »MEGALOPOLIS« sind die architektonischen Namen der bereits geplanten endzeitlichen Scheusale. Wie die hypertrophen Ungeheuer der Urzeit, die Saurier, werden sie an sich selbst (an Müll, Kriminalität, Drogensucht und Vermassung) zugrunde gehen.

## Städtegründer Nimrod

Über NIMROD, den nachsintflutlichen Städtegründer, führen jüdische Kommentatoren Bemerkenswertes aus:
JOSEPHUS (Ant.Jud. K.4,2):
»Nimrod verführte die Menschheit, ihre eigene Glückseligkeit nicht mehr Gott zuzuschreiben, sondern zu denken, daß seine eigene Größe (Sonderstellung) deren Quelle wäre. Und bald veränderte er die Lage in eine Tyrannei, weil er meinte, es gäbe keinen anderen Weg, die Menschen von der Gottesfurcht zu entwöhnen, als den, sie zum Vertrauen auf ihre eigene Macht zu führen.«
Im TARGUM JONATHANS heißt es:
»Von der Weltgründung an wurde keiner jemals gefunden wie Nimrod, gleich machtvoll in der Jagd wie in der Rebellion gegen JHWH!«
Und im JERUSALEMER TARGUM:
»Er war machtvoll in der Jagd und in der Bosheit vor JHWH, denn er war ein Jäger der Menschensöhne, und er sagte zu ihnen: Fallt ab von der Gerichtsbarkeit JHWH's und schließt euch der Gerichtsbarkeit Nimrods an!«
Eine chaldäische Paraphrase zu 1.Chron. 1,10 aber lautet: »Kusch zeugte Nimrod, der begann sich an Bosheit auszuzeichnen, denn er vergoß unschuldiges Blut und rebellierte gegen JHWH.«
Die Companion-Bibel bemerkt hierzu: »Nimrod war der Gründer Babylons, das an seinem Charakter teilnimmt — als großer Gegenspieler der Wahrheit und des Volkes Gottes. Wir fehlen gewiß nicht, wenn wir in Nimrod Satans ersten Versuch erblicken, einen menschlichen Allherrscher erstehen zu lassen, dem später viele andere folgen sollten . . . Erfolgreich wird diese Reihe in der Person des Antichristen abgeschlossen werden.«
KAIN — Begründer der Weltkultur, HAM — sein geistiger Nachfolger. Alles hat seine geschichtliche Fortsetzung und Neuauflage.

## Kain und Abel — Menschenmörder und guter Hirte

Die Geschichte des Brudermordes (GN 4) ist uns allen bekannt. Während ABEL (eig. Hebel = Hauch, Nichtigkeit, Nichts) ein

Typus des leidenden, hingemordeten Christus ist, der sich Seiner Gottebenbildlichkeit entkleidete und sich selbst zu »nichts« machte, ist sein Bruder KAIN (= Erwerb, Besitz, Gewinn; Gründer, Schmied) ein Abbild des Menschenmörders von Urbeginn, der die Gottgleichheit wie einen Raub erlangen wollte (Phil. 2; Jes. 14; Hes. 28). Der gehorsame und leidensbereite Sohn hingegen hielt die Gleichheit mit dem Vater »nicht wie einen Raub fest« (Phil. 2,6). GN 4,4-5 berichtet uns einen religiösen Mord, aus Neid und Eifersucht erwachsen, wie später bei unserem Herrn. Die Ursache dafür, daß JHWH auf die Opfergabe Abels »blickte«, auf Kains Opfergabe jedoch nicht, liegt nicht in der Unterschiedlichkeit der Gaben (Kains Ackerfrucht und Abels Herdentier), sondern in der unterschiedlichen Herzensgesinnung. »Der Mensch schaut, was vor Augen ist, JHWH aber schaut ins Herz« (1.Sam. 16,7). Kain brachte sein Opfer nicht im Glauben, sondern offensichtlich aus religiöser Gewohnheit dar. Abel hingegen brachte »durch Glauben Gott ein vorzüglicheres Opfer dar als Kain, durch welchen er Zeugnis erlangte, daß er gerecht sei, indem Gott Zeugnis gab zu seinen Gaben; und durch diesen (Glauben) redet er noch heute, obgleich er gestorben ist« (Hebr. 11,4). So ist der Hirte Abel Typus des guten Hirten, der Sein Leben ließ für Seine Schafe. —

Kain aber bleibt nicht ungewarnt:

**»Und KAIN ergrimmte sehr, und sein Antlitz senkte sich. Und JHWH sprach zu KAIN: Warum bist du so erregt, und warum hat sich dein Angesicht finster gesenkt? Wird nicht, wenn du recht handelst, dein Opfer angenommen?** (Oder: Ist's nicht also: wenn du recht handelst, so kannst du dein Antlitz frei erheben?) **Lauert nicht, wenn du böse handelst, die Sünde (wie ein Raubtier) vor der Tür? Ihr Verlangen ist auf dich gerichtet, du aber sollst über sie herrschen!«** (nach Menge).

Das Senken und Erheben des Angesichtes ist ein köstliches Thema für sich. Vom Beginn der endzeitlichen Ereignisse sagt Jesus: »Wenn aber diese Dinge beginnen zu geschehen, *so hebet eure Häupter empor,* weil eure Erlösung naht« (Luk. 21,28). Von den Vorbedingungen, die uns ein frohes Erheben des Angesichtes zu Gott ermöglichen, redet Hiob 11,13-20: »Wenn du dein Herz (in die rechte Richtung) ausrichtest und deine Hände zu Ihm ausbreitest — wenn Frevel in deiner Hand ist, so entferne ihn, und laß Unrecht nicht in deinen Zelten wohnen — ja, *dann wirst du dein Angesicht erheben ohne Makel* und wirst unerschütterlich sein und dich nicht fürchten.« Dies ist gewiß eine im Blick auf Luk. 21,28 besonders kostbare Verheißung, der sich bis V. 20 noch elf weitere Gotteszusagen anschließen, die allesamt aussagen, was ein »Erheben des Angesichtes« bedeutet. ABEL durfte es im Zeugnis Gottes erleben, wie JHWH selbst Sein Angesicht über ihn erhob: »... der HERR erhebe Sein Angesicht über dir und gebe dir Frieden« (4.Mos. 6,26)! Denn: »Im Lichte des Angesichtes des Königs ist Leben« (Spr. 16,15).

Abschließend seien noch die Genealogien der Sethiten und Kainiten genannt, — die göttliche Segenslinie und widergöttliche Fluchlinie im Menschengeschlecht bis zur Flut (GN 4 u. 5). Zwar spricht die Namensliste Seths auch vom Gottesgericht über den Menschen; sie bildet aber zugleich den Niedrigkeitsweg des letzten Adam, Jesus Christus, vor. Die Namensliste Kains hingegen zeigt uns noch einmal den Begründer der Weltkultur und allen Fluch, den die zivilisatorischen Errungenschaften oftmals der Menschheit brachten.

## Genealogie der Sethiten

| | | |
|---|---|---|
| 1. ADAM | = | der Mensch |
| 2. SETH | = | gesetzt, bestimmt |
| 3. ENOSCH | = | Vergänglichkeit, Hinfälligkeit |
| 4. KENAN | = | (Erwerbung), gezeugt |
| 5. MAHALALEL | = | Lob (Prachtentfaltung) Gottes |
| 6. JARED | = | Herabsteigen, Abstieg |
| 7. HENOCH | = | der Verlobte Gottes, der Eingeweihte, Heilige, von Gott Belehrte |
| 8. METHUSALAH | = | Todessendung, Todesschwert, Todespfeil |
| 9. LAMECH | = | der gewalttätige Schläger, Niederstrecker (machtvoller Überwinder) |
| 10. NOAH | = | Ruhebringer, Tröster |

In Dreiergruppen gelesen ergibt sich das Todeslied des gerichteten Adam:
Der Mensch — gesetzt — zur Vergänglichkeit (Hebr. 9,27).
(Ursprünglich) gezeugt — zum Lobe Gottes — steigt er herab (zum Verfall).
Er wird belehrt von Gott — über die Todessendung — des gewalttätigen Schlägers (Hebr. 2,14-15).
(Doch schenkt Gott ihm den Ausblick auf den) Tröster, der ihn zur Ruhe bringt (GN 3,15; 5,29; Joh. 15,26).
Doch schildert dieses Namenslied auch die »Satzung des Sohnes«, den Weg Jesu Christi als des letzten Adam:
Auch Er ist zunächst von Gott bestimmt zur Vergänglichkeit (Hebr. 2,14), gezeugt zum Lobe und zur Herrlichkeitsentfaltung Gottes (Joh. 18,37). Der Heilige und Gottgeweihte steigt zu uns herab (Phil. 2,6-8; Eph. 4,8); Er erleidet den Streich des Todesschwertes durch den gewalttätigen Schläger, kommt aber zur Ruhe in der Auferstehung und empfängt Gottes Trost (Phil. 2,9).
So nimmt Jesus teil an Adams Gerichtsgeschick und überwindet es als sein Sohn.

### Genealogie der Kainiten

| | | |
|---|---|---|
| 1. KAIN | = | Schmied, Bildner, Erwerb; arabisch: Quelle |
| 2. HANOCH | = | Weihung, Unterrichtung, geweiht, unterrichtet |
| 3. IRAD | = | die bleibende, »ewige« Stadt |
| 4. MEHUJAEL | = | mit Gott im Kampf (in dem das Göttliche erloschen war) |
| 5. METHUSAEL | = | Todesbringer, Todesbegehrer |
| 6. LAMECH | = | gewalttätiger Niederstrecker, Schläger |
| 7. JABAL | = | ein Wanderer (Bürger werdend), sich bewegend (zur) Zivilisation |
| 8. JUBAL | = | Strömungen, Kulturwelt, Trompetenstoß |
| 9. TUBALKAIN | = | Gründer der Strömungen, Weltbesitzer, Waffenbereiter |
| 10. NAAMA | = | die Lieblichkeit, Schönheit (des Weibes) |

Missionar Schirrmacher hat von diesen Namen einmal folgende Zusammenstellung gegeben:

Quelle — der Unterrichtung (Weihung) — ist die bleibende Stadt.
Mit EL (Gott) im Kampfe ist — ein Todbringer — und gewalttätiger Schläger (in dem das Göttliche erloschen war).
Er ist ein Wanderer (der Bürger wird und Zivilisation annimmt) — den Strömungen der Kulturwelt (unterworfen) — (ja), ein Gründer (geistiger) Strömungen des Weltbesitzes — (in der Huldigung) vor dem lieblichen Weib. —
Über die endzeitliche Ausformung der hier besprochenen Anfänge in der Urzeit lese man bitte Kap. 7 »Metropole Babylon« nach, wie überhaupt die einzelnen Beiträge dieses Buches sich ergänzen und in gegenseitiger Beleuchtung gelesen werden sollten. —
Abschließend sei erwähnt, was einmal Bullinger über den Antichristen schrieb:
»In diesem Menschen vereinigt sich alles, wodurch er das Erstaunen, die Bewunderung und das Lob aller hervorruft. Er ist den Menschen keineswegs ein Schrecken, sondern von anziehender, verführerischer Freundlichkeit und unermüdlich tätig im Interesse menschlicher Größe und menschlichen Glückes. Dann wird Satan seine kurze Herrschaft auf Erden führen und die Menschheit durch alle Kunst und Verfeinerung beglücken. Es wird für die ganze Welt eine Zeit des Friedens und des Fortschrittes sein. Große Naturgeheimnisse werden entdeckt, böse Engel werden die Lehrer und betrügerische Dämonen die Führer der Menschheit sein. Da werden wichtige Erfindungen und Entdeckungen gemacht und aufs vorteilhafteste angewandt werden ... Die Menschen werden ihr Entzücken an ihm haben und ihn für den größten Wohltäter halten. Könige werden seine Oberherrschaft mit Freuden anerkennen.«

# III. Invasion der Götter

Hatte der Planet Erde jemals Besuch aus den Weiten des Universums? Diese Frage bewegt heute viele, die sich den wissenschaftlichen Diskussionen unserer Zeit stellen. Wenn wir von möglichen planetarischen Lebensräumen im All ausgehen, die ähnliche Verhältnisse aufweisen, wie wir sie auf der Erde haben, so ergibt sich eine hohe statistische Wahrscheinlichkeit dafür, daß hohe kosmische Zivilisationen in geeigneten Lebensräumen existieren; es besteht auch die Wahrscheinlichkeit, daß sie — falls mit hoher Intelligenz ausgestattet — versucht haben, Kontakte auch mit unserer Erde herzustellen.

Wenn wir in dieser Arbeit eine solche Fragestellung zugrunde legen, müssen wir sie vor Mißverständnissen schützen. So wollen wir keine Anhänger für die UFO-Idee werben, wenngleich die zahlreichen UFO-Phänomene sicherlich nicht nur magnetische oder elektrische Zufallsspiele sind. Sie gehören wohl mit zur Erfüllung des prophetischen Jesuswortes, daß »die Kräfte der Himmel sich bewegen« werden.

Auch geben wir nicht ohne weiteres den Büchern Erich von Dänikens (wie »Erinnerungen an die Zukunft« oder »Aussaat und Kosmos«) recht, wenngleich ein Teil des von ihm vorgelegten Materials, das oft rätselhafte Probleme aufwirft, ernstgenommen werden muß. Titanenhafte Bauten, Spuren und Zeichen sowie Hochkulturen, die »wie aus dem Nichts« plötzlich inmitten von Steinzeitkulturen auftauchen, scheinen auf »Lehrmeister aus dem Kosmos« und Besucher aus den Weiten des Alls hinzuweisen. Nur will Däniken Schöpfergott und Götter ersatzlos streichen, da er sie lediglich für Umschreibungen der fremden Planetarier hält, die der staunende vorzeitliche Mensch erfand.

## Menschen auf fernen Planeten?

Wenn wir in diesem Beitrag — in Übereinstimmung mit der Heiligen Schrift — einen Besuch kosmischer Mächte, eine Invasion der Götter und Geister bejahen, so wollen wir von vornherein zwei Mißverständnisse abwehren:

1. Kein Wort der Bibel berechtigt uns dazu, auf fernen Planeten irgendwo im Weltenall »Menschen« zu vermuten. Der Mensch (Adam) ist eine einzigartige Sonderschöpfung JHWH's auf dieser Erde, die wiederum das Zentrum der All- und Heilsgeschichte bildet (s. Offb. 21,1-3). Die Bibel bezeugt allerdings vielgestaltige Ordnungen der Götter- und Geisterwelt; so nennt sie Engel (Gottesboten), Herren oder Mächte, Fürstentümer und Autoritäten, Cherubim und Seraphim, Engelfürsten und Thronmächte, Wächter und »Männer« Gottes, Geister und Dämonen, Kosmokratoren oder Weltbeherrscher. Sie zählt sie nach Myriaden mal Myriaden und sieht sie oftmals mit Sternen und Planeten verbunden, die sie offensichtlich beherrschen. So ist z. B. Satan (der Feind) der »Fürst dieses Kosmos« oder Weltsystems und der »Gott« unseres gegenwärtigen Äons (Joh. 12, 31; 2.Kor. 4,4). Jene Mächte füllen, bewohnen, regieren und gestalten wohl auch das Universum.
2. Was wir — geprägt von griechischen und mittelalterlichen Vorstellungen — vereinfachend unter »Engeln« verstehen, ist weithin falsch und entspricht weder den kosmischen Tatbeständen noch der von der Bibel bekundeten Gestaltenfülle. *Alle jene Wesen sind von Gott erschaffen wie wir. Sie tragen zwar keinen Leib aus Fleisch und Blut wie wir, besitzen jedoch einen Geistesleib.* »Geister« nennen wir sie nicht im spiritistischen Sinn, sondern wegen ihrer Zugehörigkeit zu anderen Dimensionen, ihrer Begabung mit anderen Fähigkeiten und Möglichkeiten als wir, die wir in einem Raum-Zeit-Käfig dreier Dimensionen leben. Jene uns überlegenen Intelligenzen »flattern« nicht einfach wie »Seelchen« im »Äther« umher; sie besitzen vielmehr auch reale Gestaltungsformen und -möglichkeiten, eine Art höhere Technik und »Physik des Geistes«, eine Fülle von Lebensformen.

   Allerdings wissen wir auch um den tiefen Riß, der durch jene Welt geht: Während ihr größerer Teil dem Allherrn Jesus Christus dient, haben sich andere Wesen auf die Seite des Gegners Gottes (Luzifer-Satan) geschlagen, um die Heilspläne Gottes und Christi zu verhindern.

Halten wir fest: Allein die Erde ist nach der biblischen Offenbarung von Menschen bevölkert; andererseits ist das Weltall nicht einfach wesenleer, sondern vielgestaltig bevölkert mit Mächten, die uns an Intelligenz und Vermögen weit überlegen sind.

In 1.Kor. 8,4-6 nimmt Paulus auf diesen Tatbestand Bezug; er zitiert wohl eine Stelle aus dem verlorengegangenen Brief der Korinther an ihn, um dazu Stellung zu nehmen. Die Korinther hatten ihm geschrieben:

»Was nun die Speise der Götzen (oder: Götzenopfer) betrifft, so wissen wir Bescheid: ›Nichts ist ein Götze (Götzenbild / Idol) in dem Kosmos!‹ und: ›Keiner ist Gott (Elohim) als nur der EINE!‹«

Paulus hat ein differenzierteres Urteil:

»Allerdings gibt es solche, die den Namen GÖTTER (Elohim) tragen — sei es im Himmel oder auf der Erde —. Es gibt ja tatsächlich viele Götter (Elohim) und viele Herrschermächte (kyrioi = Herren, Hoheiten) — aber: Für uns (die Glaubenden) ist nur ein Gott, der Vater (aus IHM stammt das All, wir aber leben für IHN), und ein HERR, Jesus, der Messias (durch den das All seinen Fortbestand hat, und wir leben durch IHN).«

In ähnlicher Weise, wie wir uns heute für ferne kosmische Welten und mögliche Zivilisationen im All interessieren und mit ihnen über entsprechende wissenschaftliche Programme Kontakt suchen, haben gewiß jene Götter- und Geistermächte eine bleibende Verbindung mit dem Erdenbürger Adam gesucht, den Gott zum König des Kosmos bestimmt hatte. Seit der Urschöpfung von GN 1,1 — also schon vor seiner Erschaffung — standen ihnen gewaltige Zeiträume zur Verfügung, den Planeten Erde aufzusuchen. Daß dies immer nur in einem »Durchbruch«, in einer Invasion und Grenzüberschreitung vor sich gehen konnte, hängt gewiß mit ihrer anderen Natur und ihrer Zugehörigkeit zu anderen Dimensionen der Schöpfung zusammen. Ihre Besuche sind jedenfalls nicht der Regelfall.

Der Vorhang zwischen Heiligtum und Allerheiligstem Israels wies mit seinen eingewebten Cherubim auf die Scheidewand zwischen Menschen- und Engelwelt hin, die Gott in Seiner Weisheit gesetzt hat. Die »Feste« (rakia = eig. Materieausdehnung) ist in der Trennung der »Wasser oberhalb« und der »Wasser unterhalb« eine physikalische Entsprechung dazu. Um so bedeutsamer ist aber das Wort der Ermunterung in Hebr. 10,19-22:

»Da wir nun, Brüder, Freimütigkeit haben, durch das Blut Jesu in das Heiligtum einzutreten — das ist der neue und lebendige Weg, den Er uns *durch den Vorhang hindurch*, das ist Sein Fleisch, erschlossen hat . . ., so laßt uns mit wahrhaftigem Herzen in voller Glaubensgewißheit hinzutreten, nachdem wir uns durch Besprengung der Herzen vom bösen Gewissen befreit und unsern Leib mit reinem Wasser gewaschen haben!«

## Das Wesen des Menschen

Worin besteht nun die Einzigartigkeit des Menschen, die jene Mächte verlockte, nicht nur eine (belehrende) Verbindung mit ihm aufzunehmen, sondern sich durch Zeugung von Bastarden Medien auf Erden zu schaffen, die gleichsam zum Prägestempel für alle anderen Menschen werden sollten?

*Der Mensch steht zwischen Geist und Fleisch, ist Mittler zwischen Engel und Tier.* Darum wurde Jesus Christus Mensch, nahm teil am Fleisch und Blut der Brüder, um alle Schöpfung zur herrlichen Freiheit der Söhne Gottes erheben zu können.

Mit den Engeln und Mächten teilt der Mensch den Geist und ist darum nicht nur für Anregungen des Geistes Gottes, sondern auch für Einflüsse der Geisterwelt empfänglich. Mit dem Tier teilt er den Fleischesleib, — den Bauplan der Säugetiere ebenso wie alle Leben erhaltenden Triebe. *Der Körper aber ist eine unabdingbare Voraussetzung für die Offenbarung in Zeit und Raum.* Aus diesem Grunde begrüßte Christus, als Er in den Kosmos kam, frohlockend den Leib des Fleisches und des Todes, den Ihm der Vater als Instrument des Gehorsams bereitgestellt hatte (Hebr. 10,5-6). In diesem Zusammenhang wird auch unser Leib ein Tempel des Heiligen Geistes und Glied Christi genannt (1.Kor. 6,19). — Nun zum Text von GN 6:

V. 1: **»Und es geschah, als die Menschen** (eigentlich: ADAM — so im ganzen Kapitel) **begannen, sich zu mehren auf der Fläche des Erdbodens, und ihnen Töchter geboren wurden,**

V. 2: **da sahen die SÖHNE GOTTES** (b'ne ha elohim = Göttersöhne) **die Töchter ADAMS** (des Menschen), **daß sie schön waren, und sie nahmen sich zu Frauen, welche sie irgend begehrten** (erwählten).«

Welchen Sinn hatte diese kosmische Invasion?

Gewiß entsprang sie nicht nur einem rein sexuellen Begehren, sondern vielmehr der Absicht, aus dem Erdenbewohner Wesen zu zeugen, die — nach einem Intelligenzsprung ungeheurer Weite, nach einer körperlichen und geistigen Erweiterung zu »RIESEN«, »HELDEN«, »TITANEN« und »ZAUBERERN« — zu Medien der Götter werden könnten. Ob sich diese Götterverkörperung nur im Nahen Osten vollzog, oder, zu verschiedenen Zeitpunkten, an vielerlei Orten des Planeten, sagt der Text nicht; Funde und rätselhafte Spuren scheinen auf letzteres hinzuweisen.
Sicher wollte Satan durch dieses urzeitliche Ereignis auch das vorwegnehmen und vereiteln, was JHWH in der Geburt des »Weibessamens« und »Schlangenzertreters« dem ersten Menschen verheißen hatte (GN 3,15). *Es ist Satans erster Versuch, durch ein Verderben des Adamsgeschlechtes das Kommen des verheißenen Samens, nämlich Christi, zu verhindern;* später sollten weitere Versuche folgen. Zu erwähnen ist hier die »Besetzung« Kanaans vor dem Einzug des Abrahams-Samens, das zur Heimat der TITANEN nach der Flut wurde. GN 12,6 u. a. Stellen deuten diese Okkupation des Landes JHWH's an.
Vollendet wird dieses Programm unter dem Druck des Fürstenengels Michael und seiner Heere im endzeitlichen Herabkommen der Mächte auf die Erde, das in der Zeugung des Gegenmessias, des Antichristen, seinen Ausdruck findet (Offb. 12). Dieses Ereignis wird eine satanische Nachahmung der Zeugung Jesu »aus dem Weibe« sein. Der »Sohn des Verderbens« (oder: des Verderbers) wird darum ebenfalls ein Titan, ein geistiger Riese, ein Mann mit magischen Kräften sein; ausgestattet mit der Energie Satans, mit aller Wundermacht und Lügenzeichen, wird er sich selbst als »Gott« darstellen (2.Thess. 2,4). Die Parole »ICH BIN der Messias«, ja, »ICH BIN der Ewige, der Sohn« wird in der Beleuchtung durch 2.Kor. 4,4a zur schauerlichen Nachäffung der Gottessohnschaft.
Immer wieder wollten Ausleger den Text von GN 6 dadurch entschärfen, daß sie die »Söhne Gottes« als »Sethiten« der Auser-

wählungslinie deuteten, die sich mit Töchtern aus der Linie Kains vermischt hätten. Dieser Gedanke ist völlig auszuschließen.

Man beachte nur einmal den Gebrauch von »Söhne Gottes« oder »Göttersöhne« in Hiob 1,6; 2,1; 38,7; Ps. 29,1; Ps. 89,6; Dan. 3,25, um zu erkennen, daß damit jenseitige Mächte beschrieben werden. So übersetzt auch die LXX (Septuaginta, von jüdischen Übersetzern etwa 250 v. Chr. geschaffen) »b'ne ha elohim« mit »Engel«, um den Ausdruck der griechisch sprechenden Diaspora verständlich zu machen.

Ganz klar nimmt auch das NT zu diesem urzeitlichen Ereignis Stellung. Die Aussagen von 1.Petr. 3,20; 2.Petr. 2,4-7 und Judas 6 seien einmal kurz zusammengefaßt und übersichtlich geordnet:

1. Die Götterinvasion ereignete sich in den Tagen Noahs (1.Petr. 3,20b; 2.Petr. 2,5-7).
2. Jene »Engel« sündigten und waren ungehorsam (1.Petr. 3,20; 2.Petr. 2,4).
3. Sie haben ihr »Fürstentum« (oder: ihren Urzustand, ihre ursprüngliche Herrscherstellung) nicht bewahrt — wie Gott es offensichtlich angeordnet hatte (Judas 6, vgl. GN 2,15).
4. Sie verließen ihre »Behausung«, ihre arteigene Leiblichkeit (»oikätärion« ist Spezialausdruck für die Geistleiblichkeit — das gleiche Wort wird in 2.Kor. 5,2 vom Auferstehungsleib der Glaubenden gebraucht).
5. Jene Mächte trieben in ähnlicher Weise wie Sodom und Gomorra nebst den umliegenden Städten »Unzucht — weit über ihre eigene Begrenzung hinaus« (so »ek-porneuo« nach Rienecker). Dabei gingen sie »andersartigem« (fremdartigem) Fleische nach (was sich bei Sodom auf die Homosexualität und auf sexuellen Umgang mit Tieren bezieht, bei den Mächten auf ihre Verbindung mit Menschenfrauen; Judas 7).

Hierzu müssen wir 1.Kor. 15,38-40 heranziehen, das die Leiblichkeit (soma) der Pflanzen, der Tiere und Menschen, aber auch der himmlischen Mächte bezeugt:

»Gott aber gibt ihm (dem Samenkorn) einen Leib nach Seiner Absicht, und zwar einem jeden Samen einen arteigenen Leib (soma = Leib, Körper, Gestalt, Verkörperung). Nicht alles Fleisch ist (jedoch) das gleiche Fleisch, sondern: ein anderes ist das der Menschen, ein anderes das Fleisch der Erdentiere, und ein andersartiges das der Vögel, und ein andersartiges das der Fische. Überdies gibt es himmlische Leiber und irdische Leiber. Jedoch von unterschiedlicher Art ist die Herrlichkeit der himmlischen und der irdischen Leiber ...«

6. Worin bestand Gottes Gericht über die Invasoren? Er hat sie in den tiefsten »Tartarus« gestürzt und sie mit unsichtbaren (nicht: ewigen!) Ketten unter der Finsternis aufbewahrt bis zum Gericht des großen Tages. Ob die »Geister im Gefängnis«, denen der auferstandene Christus Seine Siegesbotschaft verkündete, jene Mächte waren oder die Geister ungehorsamer Menschen zu Zeiten Noahs, sei hier offengelassen.

## Die Göttersöhne zeugten die Riesen

Doch ehe sie im Gericht verschlossen wurden, geschah Entsetzliches. Auf dem Wege »übernatürlicher« Zeugung ereignete sich eine Bastardisierung der vorsintflutlichen Menschheit. »Aufbesserung des Erbgutes«! — In GN 6,4 lesen wir:

**»In jenen Tagen wurden** (entstanden) **die RIESEN auf der Erde, und auch später (noch einmal), als die Söhne Elohims** (Gottes oder: der Götter) **zu den Töchtern Adams** (der Menschen) **eingegangen waren, und diese für sie** (und ihre Absichten) **geboren hatten.«**
(Andere übersetzen: » ... und auch, als die Göttersöhne später noch einmal zu den Menschentöchtern eingegangen waren ...« oder: » ... und auch später noch einmal, solange die Göttersöhne mit den Menschentöchtern verkehrten, und diese ihnen gebaren ...«)
**»Das sind die HELDEN, die aus der Urzeit herstammen** (oder: die in der Urzeit lebten), **die MÄNNER DES NAMENS.«**

Mischwesen entstehen, während ihre Erzeuger aus der Überwelt in die Orte des göttlichen Gewahrsams verbannt werden. Diese werden »Riesen« (in der Septuaginta »Giganten«) genannt, wobei das hebräische »nephilim« auch »Gefallene« bedeuten kann, oder, abgeleitet von »näphel«: Bastarde, Fehlgeburten. »Ha gibborim« heißt »Helden«, »Heroen«, »Titanen«.

Während »Gefallene« vom Wege ihrer Erzeuger kündet, bezeugt »Riesen« ihre körperliche und geistige Größe, »Helden« ihre mächtige Tatkraft, »Männer des Namens« aber ihre Zauberkraft. Die Übersetzung »hochberühmte Männer« dürfte an der Bedeutung des Urlautes vorbeigehen. Mit dem Namen (schäm) ist nicht ihr eigener Name gemeint, sondern der magische, zaubermächtige Name, der zur Beschwörung und Bezwingung jener kosmischen Götter dient, denen sie ihren Ursprung verdankten.
Mit den Praktiken schwarzer und »weißer« Magie versuchen die Bastarde die »Luftbrücke« zu jenen Mächten aufrechtzuerhalten, die auch »später noch einmal«, d. h. nach der menschenverschlingenden Flut, eine Invasion aus dem Kosmos in Gang setzten; denn die Titanen aus der Zeit vor der Flut waren alle in ihr zugrunde gegangen, und es gibt guten Grund zu der Annahme, daß ihre Geister seither als »Dämonen« auf Erden wirken.
Beim Einzug Israels in das Land der Verheißung begegneten schon die 12 Kundschafter den Söhnen der Finsternis, die sicherlich auch die geistigen Urheber der schrecklichen Götterkulte Kanaans waren. »Da sahen wir die Riesen, die Söhne Anaks, die von den NEPHILIM (Gefallenen, Giganten) abstammen«, berichten in 4.Mos. 13,33 die Kundschafter. GN 14,5 nennt die Riesengeschlechter der REPHAIM und EMIM und als deren Hauptsitze die Städte ASTEROTH KARNAIM und SHAVEH KIRJATHAIM. Andere Riesengeschlechter sind die ANAKIM (4.Mos. 13,28), die HORIM, ZAMZUMMIM und AVIM (5.Mos. 2,20-23; 9,2). Über die REPHAIM und ihre Seelen berichten Jes. 26,14; Hiob 26,5; Ps. 88,10; Spr. 2,18; 9,18; 21,16; Jes. 14,8; 26,29; GN 15,20; Josua 12,15; 2.Sam. 5,18-22; 23,13; 1.Chron. 11,15; 14,9; 20,4 und Jes. 17,5. Es sind wohl nicht die schattengleichen Menschen im Totenreich, sondern die »Geister im Gefängnis«, von denen hier geredet wird.
5.Mos. 3,11 aber zeigt uns in OG, dem König von BASAN, ein prächtiges Einzelexemplar dieser Gattung.
Jene Einbrüche aus dem Kosmos waren also mit der Flut nicht abgeschlossen, sondern wiederholten sich zu anderen Zeiten und auch an anderen Orten der Erde. Dies eröffnet die gedankliche Möglichkeit, daß ähnliche Ereignisse in der Endzeit erneut stattfinden könnten. Offb. 12 beschreibt ein solches Kommen in

»himmlischer Perspektive«; in der irdischen Perspektive des bibelfremden Menschen könnte es sich in der Weise interplanetarischer Besucher gestalten. Die Ideen und massenprägenden Leitgedanken unserer Zeit sind ja nur Vorbereitung auf endzeitliche Erfüllungen!

Jene Monstren — Übermenschen an Gestalt, Charakter, Bosheit und Intelligenz — erbauten gewaltige urzeitliche Monumente und hinterließen wohl jene rätselhaften Landezeichen, von denen Däniken berichtet; sie belehrten die Völker des Nahen Ostens, Indiens und Chinas, aber auch die Mayas in Südamerika und brachten ihnen so einen kulturellen »Weitsprung«; deshalb sprachen auch die Mayas in ihren Sagen von den »Göttern« aus dem Westen als von ihren Kulturbringern und Herrschern und erwarteten mit vielen anderen Indianerstämmen ihre »Wiederkunft«.

Und da sie den NAMEN und damit Wesen und Beschwörungsmodus ihrer Erzeuger kannten, brachten sie Zauberpraktiken in die Welt, die sich nach 2.Thess. 2,9-10 schließlich im Antichristen vollenden werden (man vgl. Offb. 13,13-15. 5-7). Daß in diesem Zusammenhang — wie von der Wiederkehr Christi — von seiner »Parusie« gesprochen wird, ist sicherlich bedeutsam.

Weil aber der Einbruch der Göttersöhne in den Tagen Mahalalels geschah, nannte er seinen Sohn JARED = Abstieg, Heruntersteigen. —

## Gottes Gericht durch die Flut

Nun wurden aber nicht nur jene Mächte dem Gericht überantwortet, sondern auch die Menschen; dies mag darauf hinweisen, daß sie freiwillig an deren Aktionen teilnahmen, und sei es auch »nur« durch jene okkulte Öffnung, auf die uns schon GN 4,26 hinwies.

In GN 6,3 ergeht Gottes Richterspruch; er kann in verschiedener Weise übersetzt werden. Einige Übersetzungen seien zum Vergleich angeboten:

**»Und JHWH sprach: Mein Geist soll nicht ewiglich mit dem Menschen rechten, da er ja Fleisch ist; und seine Tage seien 120 Jahre«** (Elberfelder Bibel).

Bei dieser Übersetzung erhebt sich die Frage nach dem Sinn des begründenden »da«. – Steht die Tatsache der fleischlichen (gottfeindlichen) Existenz des Menschen im Widerspruch zum Rechtsprechen und Richten des Heiligen Geistes? Im Gegenteil (Joh. 16,8–10)! Die Übersetzung »rechten« ist ohnehin fragwürdig.
**»Nicht niedere sich** (Tur Sinai: bleibe wohnen) mein Geist in Adam (in dem Menschen) auf Dauer, da ja auch er Fleisch ist; so sollen denn seine Lebenstage 120 Jahre sein« (Buber).
**»Mein Geist soll nicht für immer im Menschen (in Adam) erniedrigt sein,** weil er ja Fleisch ist; so sollen denn seine Tage (fortan) nur noch 120 Jahre betragen« (Menge).
Menge schlägt noch eine andere Übertragung vor: »Nicht soll mein Geist für immer im Menschen walten (bleiben); in ihrem Irregehen sind sie Fleisch . . .« – Die Konkordante Wiedergabe sagt: »Nicht bleibe mein Geist im Menschen für den Äon, da auch er Fleisch ist.«
Und der Kommentator Bachmann schlägt sogar vor: »Nicht haben sie (die Söhne Gottes) meinen Geist auf Dauer in den Adam geworfen (gesandt); wegen ihrer (der Engel) Verirrung – Fleisch ist er!«

Welche Schmähung und Erniedrigung bedeutete für Gottes Geist das Handeln der Menschen in den Tagen der Verirrung! In ähnlicher Weise, wie bei den Glaubenden der Heilige Geist »zusammenwirkt mit unserem Geist« – auch im Zeugnis über die Sohnschaft –, gab es damals eine Kooperation zwischen dem Menschengeist und den Geistern, die sich schließlich in der Zeugung biologischen Lebens manifestierte.
Nun erst kommt das Fluchwort der Vertreibung, durch den Entzug des Gottesgeistes und durch die Zuteilung des Todes, am Menschen zur Vollendung. Der Lebensgeist JHWH's weicht von ihm, und seine Lebensdauer wird von bislang fast 1000 Jahren auf 120 Jahre, später auf 70-80 Jahre herabgesetzt (Ps. 90,10). Der Rückzug des innewohnenden Geistes führt zu einem rapiden Verfall der biologischen Substanz des Einzelmenschen, dem dann der äußere Verfall der ganzen Menschheit im Verderben durch die Flut folgt.
Es ist überhaupt zu fragen, ob vorliegendes Fluchwort dem ADAM als *Einzelwesen* (individuell) oder dem Menschen kollektiv, also der *Gesamtmenschheit* galt.
Spricht doch der hebräische Text in GN 6,1 von der Mehrung

ADAMS, in V. 2 u. 4 von den »Töchtern ADAMS«, in V. 3 vom Bleiben des Geistes in ADAM, in V. 5 von der Bosheit ADAMS, in V. 6 von der Reue Gottes über ADAMS Erschaffung und V. 7 von der geplanten Vertilgung ADAMS.

Nun kann »ADAM« sowohl individuell als auch kollektiv aufgefaßt werden; doch hat auch das erstere einen guten Sinn. Dann hätte sich die schreckliche Verirrung, bestimmt aber Gottes Strafandrohung im 810. Lebensjahre ADAMS ereignet, der dann mit einer ihm noch zugebilligten Lebensfrist von 120 Jahren ein Alter von 930 Jahren erreicht hat. Wenn dem so ist, wie muß dann JHWH's Wort vom Entzug des Geistes den ersten Menschen getroffen und erschüttert haben! *»Da ja auch er Fleisch ist!«* Die juristische Androhung von GN 2,17 vollzieht sich nun in Wirklichkeit. Wie ernst kommt der Tod auf ADAM zu, wie fällt der Todesschatten über ihn, wie klar wird der Tag seines Todes festgelegt!

Offensichtlich läßt Paulus beide Deutungen gelten; er denkt sowohl an Adam als Einzelperson wie auch an die Menschheit als Gattung, wenn er einerseits sagt: »Aber der Tod herrschte königlich von ADAM an ...« (Röm. 5,14), und andererseits: »Denn gleichwie in dem ADAM (dem einen) alle sterben, also werden auch in dem Messias alle zum göttlichen Leben geführt« (1.Kor. 15,22). —

GN 6,5-7 spricht dann von der »Reue Gottes«:

**»Und JHWH sah: Ja, groß war die Bosheit des Menschen auf Erden und alles Gebilde der Planungen** (Gedanken) **seines Herzens nur böse den ganzen Tag. Da reute es JHWH** (Buber: da leidete IHN), **daß Er den Menschen (den ADAM) gebildet hatte, und es schmerzte Ihn in Sein Herz** (Buber: und ER grämte sich in Sein Herz — Menge: und Er wurde in Seinem Herzen tief betrübt).
**Und JHWH sprach: Vertilgen will ich den Menschen, den ich geschaffen habe, vom Angesicht des Erdbodens hinweg, vom Menschen bis zum Vieh, bis zum Gewürm und bis zum Vogelvolk des Himmels; denn es reut mich, daß ich sie erschaffen habe. NOAH aber fand Gnade in den Augen JHWH's.«**

Welche merkwürdigen Aussagen über Gott, der Sein schöpferisches Tun bereut, und, so hat es den Anschein, am liebsten wieder

ungeschehen machen möchte, da es durch unvorhergesehene, überraschende Ereignisse verderbt worden ist. Könnte nicht Jesu Vorwurf gegen den unklugen Turmerbauer und den unvorsichtigen Feldherrn auch einem solchen Gott gelten (Luk. 14,28-32)?
Hier sind wahrlich einige Klarstellungen nötig!
*Gottes Reue ist nicht die Reue eines Menschen über vergebliches Tun, über Fehlschläge mißratener Wege! Gottes Reue ist Sein Leiden im Geiste, die tiefe Erschütterung Seines väterlichen Herzens, das einfach nicht unbewegt das Verderben Seiner Schöpfung zur Kenntnis nehmen kann.*
Gottes Vorherplanen und Vorherwissen schließen eine tiefe Herzensbewegung nicht aus, wenn sich Vorgänge ereignen, die Er längst zuvor wußte. Alle Irr- und Umwege, alle scheinbaren Fehlschläge und Sündenfolgen sind von IHM zuvorerkannt und so eingeplant, daß Er durch nichts überrascht werden kann.
Das hebr. Wort »nacham« (reuen) bedeutet denn eigentlich auch: aufschnauben, seufzen, stöhnen, Mitleid empfinden, sich erbarmen, Schmerzen mitempfinden und — trösten! Wie wunderbar, daß sich Gott so mitten im Gericht und während der Ankündigung schwersten Gerichtes offenbart! Gottes Reue hat mit dem »Be-reuen« nach Menschenart nicht das geringste zu tun. So einen sich scheinbare Widersprüche:
*»Nicht ein Mensch ist Gott, daß Er lüge, noch ein Sohn Adams, daß Er bereue!«* (4.Mos. 23,19) und: »Denn wir haben keinen Hohenpriester, der nicht in der Lage wäre, Mitleid mit unseren Schwachheiten zu haben . . .« (Hebr. 4,15).
*Immer wenn Gott richtet, ist Er barmherzig, und immer wenn Er Gnade erweist, übt Er Gericht!* In Ihm schließen sich Liebe und Recht, Erbarmen und Gericht zusammen. Gott ist EINER und gerade darin »einzigartig« (echad).
Auch das »Ich will verderben« Gottes hat eine schuldhafte Vorgeschichte:
V. 11: *Die Erde war verderbt vor Gott.*
V. 11: *Die Erde war voller Gewalttat.*
V. 12: *Gott sah die Erde: Siehe, sie war verderbt!*
V. 12: *Alles Fleisch hatte seinen Weg verderbt auf Erden.*
Erst dieser Tatbestand läßt Gott sprechen: Ich will verderben (V. 7. 13. 17).

Satans erster Griff zielte auf Gottes Thron und auf die räuberisch angeeignete Gottebenbildlichkeit und Allmacht. Die Folge seines Sturzes aus Gottes Lichtswelt (Jesus: »Ich sah den Satan vom Himmel fallen wie einen Blitz«) war die Verwüstung der Urwelt, der ersten Himmel und der Ur-Erde zum Chaos, das uns GN 1,2 schildert.
Satans zweiter Zugriff richtete sich gegen die Thronrechte des Menschen und gegen seinen Adel als Königspriester des Alls. Nun bestand sein Ziel darin, auf dem Wege der Menschwerdung durch seine Invasionsmächte Macht über die Erde zu erlangen.
Wiederum folgte dem frevlerischen Versuch ein Gericht. Gott mußte die dämonisierte Menschheit vernichten. Wie einst die abgründige Urflut, welche die verwüstete erste Erde bedeckte (GN 1,2), überflutete wiederum Wasser — *»aus den Schleusen des Himmels«* und aus den *»Brunnen der großen Tiefe (tehom)«* — die Erde; das Wasser aber stieg bis über die Gipfel aller Berge.
Der Versuch der Invasionstruppen Satans war fehlgeschlagen. Immer wieder aber wird er den »Durchbruch aus dem Kosmos« planen; nach der Flut im großen Turmbau und durch die Riesen Kanaans, in der Endzeit wiederum mit einer Flut »bei brausendem Meer und Wasserwogen« (Luk. 21,25-26); dann aber handelt es sich nicht um eine Flut natürlicher Wasser, sondern um die dämonische Überschwemmung der ganzen Erde durch jenseitige Mächte, durch die »Wasser über der Feste« (vgl. die Gottesverheißung von GN 9,11; auch Dan. 9,26 spricht von der überströmenden Flut des Endes). Auch Matth. 24,37-41 und Luk. 17, 26-27. 34-35 weisen auf die endzeitliche Wiederholung der vorsintflutlichen Geschehnisse hin. Wiederum öffnen sich die »Brunnen der großen Tiefe«, die »Schächte« des TEHOM, der Tiefe (Offb. 9,1-4), sowie die »Schleusen des Himmels« (Offb. 12), um eine letzte Invasion jener finsteren Mächte auf dem Zentralplaneten des göttlichen Heilsgeschehens zu ermöglichen.

# IV. Unternehmen „Ozma"

»*Von der Frucht des Mundes* e i n e s *Mannes* (des Christus!) *wird Sein Leib gesättigt, vom Ertrage Seiner Lippen wird er gesättigt.*« (Spr. 18,20).

»*Die Worte des Ohrenbläsers* (s. Joh. 8,44) *sind wie Leckerbissen* (s. Jak. 1,14), *und sie dringen hinab in das Innerste des Leibes.*« (Spr. 18,8).

Symbolisch reden diese beiden Spruchweisheiten von der Sättigung des Leibes Christi durch Sein kostbares Wort und von den alles durchdringenden, verlockenden Parolen Seines Feindes. Auch er baut ja einen Leib für den kommenden Antichristen, den er unablässig mit den Parolen des Weltgeistes wie mit Ködern lockt und füttert.

In einem früheren Artikel in GNADE UND HERRLICHKEIT (Zweimonatsschrift im Paulus-Verlag) unter dem Titel »Worte des Ohrenbläsers — Eine Betrachtung zur geplanten Eroberung des Weltraums« versuchte ich, anhand zweier damaliger Buchtitel eine solche Parole darzustellen; sie läßt etwas davon ahnen, daß Menschenwelt und Götterwelt sich immer deutlicher enthüllen und gegenseitig durchdringen; ein immer stärkeres Offenstehen (Medialität) der Menschheit für die Überwelt bahnt sich an.

Das Buch »DER WELTRAUM RÜCKT NÄHER« behandelt die Erscheinung der sog. »fliegenden Untertassen« oder »unbekannten Flugobjekte« (UFOs) und spiegelt eine Invasion kosmischer Mächte vor; das Buch »DER WELTRAUM IST UNSER« berichtet demgegenüber von den Plänen der Nationen zur Eroberung des Kosmos. — Ich schrieb damals:

»Auch die Gedanken Satans, die ›Parolen des Ohrenbläsers‹ sollten uns nicht unbekannt sein! Sie bewirken bei denen, die sich durch sie locken lassen, *ein immer stärker werdendes, oft unbewußtes Offenstehen für die Mächte der unsichtbaren Welt.* Der Mensch der Gegenwart hat seine Grenzen verloren und gibt sich nach Geist, Seele und Leib den Einflüssen und Lockworten der Finsternis preis. Dieses oft okkulte Offenstehen der menschlichen Natur bereitet den Boden für die Erscheinung (parusia) des ›Menschen der Sünde‹, der — mit satanischen Kräften ausgerüstet — die ganze menschliche Existenz ohne Einschränkung beanspruchen wird.«

Nicht, daß wir solcherlei Bücher nicht mit Interesse lesen dürften; doch sollten wir dies mit der »Lampe des prophetischen Wortes« tun und ihrer suggestiven Kraft nicht erliegen.

## Bücher enthüllen die Sehnsucht nach kosmischen Kontakten

Vor etwa 5 Jahren erschienen wieder zwei Bücher auf dem Buchmarkt, welche die gleichen Grundlinien andeuten: das Kommen außerirdischer Mächte, ja, den Wunsch nach deren »ADVENT« — und zum anderen den technischen Größenwahn des Menschen, der sich außerirdischer Einflußbereiche bemächtigen will, in denen jetzt noch der »Fürst des Vollmachtsbereiches der Luft« mit seinen Mächten herrscht (Eph.2,2).
Diesmal aber erschienen die Buchtitel in einer geradezu religiösen Verkleidung. Es sind die Bücher:

»WIR SIND NICHT ALLEIN!« und »IHR WERDET SEIN WIE GÖTTER!«

Das erste Buch beschäftigt sich mit dem sog. »Unternehmen OZMA«, einem wissenschaftlichen Unternehmen in West und Ost, mit fernen »planetarischen Welten« Kontakte aufzunehmen und deren Wesen herbeizurufen.
»IHR WERDET SEIN WIE GÖTTER« schildert die rasante technische Entwicklung der Gegenwart und die ungeheuerlichen, durchaus denkbaren Zukunftsmöglichkeiten des Menschen auf den Gebieten der Physik, Chemie und Biologie. Wenn man darüber nachliest, welche Projekte heute schon von den Wissenschaftlern für die Zukunft geplant werden, versteht man etwas besser die Paulusaussage, daß der »Sohn des Verderbens« am Ende dieses Äons »gemäß der energiereichen Satanskraft mit jeglicher Machttat, mit Zeichen und lügenhaften Wundern und mit allem nur denkbaren Betrug der Ungerechtigkeit« arbeiten wird. Gott aber läßt diese »Kraft des Irrwahns wirksam werden« (2.Thess. 2,9-11). Er selbst gibt den eschatologischen Startschuß. Wir Christen sollten also die babylonischen Zukunftsträume unserer endzeitlichen Generation nicht einfach nur belächeln!

In einer Buchbesprechung mäkelte ein Kritiker über den Buchtitel: Wenn der Verfasser schon (aus der Bibel) zitierte, dann hätte er sein Buch »Ihr werdet sein wie Gott!« betiteln müssen. Aber ich meine, daß selbst in der Abfälschung des Zitats etwas von den »Worten des Ohrenbläsers«, des Teufels, sichtbar wird. Sind es doch wirklich die Göttermächte, Fürstentümer, Gewalten und Autoritäten, die Ordnungsgewalten und Elementarmächte des Kosmos, welche die Völker beherrschen, deren religiöse »Opfer« sie entgegennehmen, und die dem Menschen eine Angleichung an ihre Seinsweise vorgaukeln. *Im Sohne des Verderbens, dem Sohne des Satans, werden ja dann wirklich beide Welten für kurze Zeit eins werden!*

Wiederum entsprechen sich die beiden Titel wie zwei Seiten einer Münze: Dem angekündigten (»trostvollen«) Kommen kosmischer Mächte entspricht das Sehnen des Menschen, diesen »Übermächten« gleich zu werden und damit Gott zu entthronen. Es ist ja die Schrift selbst, die in 2.Thess. 2,9 von einer »Parusie« (Kommen, Advent) des Antichristen redet, die der »Erscheinung« (Epiphanie) der Christusparusie vorausgeht.

Auch die sog. »Science-fiction«-Romane (utopische Zukunftsromane, oft auf der Basis naturwissenschaftlicher Denkmodelle) tragen zur »Fütterung des Unterbewußtseins« mit den »Leckerbissen des Ohrenbläsers« bei. Einige Buchbesprechungen mögen dies zeigen; Anklänge an Aussagen des prophetischen Wortes werden auch in ihnen überall kund.

»DER MANN AUS DER ZUKUNFT« schildert England im Jahre 2017. Das Land wird von einem allmächtigen Diktator beherrscht. Die Menschen leben in einem Polizeistaat, der ihnen jegliche persönliche Freiheit genommen hat.

»RAUMFAHRT WOHIN?«: Der praktische Wert der Weltraumforschung. Zweck und Sinn der Erforschung des Kosmos. Japans Hoffnung an der Schwelle eines neuen Zeitalters. Hilfe für die Erde aus dem Kosmos?

»SPIRALEN AUS DEM DUNKEL«: In den USA landet ein mysteriöses Flugobjekt wie aus dem Nichts. Vom Landeplatz breiten sich in großen Spiralen Bahnen der Vernichtung und Zerstörung aus. Woher kam dieses geheimnisvolle, tödliche Flugobjekt? Aus den Tiefen des Weltraums?

»DIE LETZTE GENERATION«: Gigantische Raumschiffe schweben über den größten Städten der Erde. Wer sind die Besucher aus dem Weltall? Sie nennen sich die »Overlords« (Übermächte, Superherren) und bestimmen das Schicksal der Erde durch Diktat an die UNO ...
»COLOSSUS« — diesen Namen gab Professor Charles Forbin dem riesigen Computer, den er in langjähriger Arbeit entwickelte. Seine Aufgabe: Die Verteidigung des amerikanischen Kontinents. Als der Super-Computer in Betrieb genommen wird, muß man feststellen, daß er sich nicht mehr abschalten läßt. Der Menschheit droht die Gefahr, von Colossus regiert zu werden ... (s. Offb. 13,11-17). —

## Wissenschaftliche Bemühungen um Funkkontakte mit außerirdischen Wesen

Was versteht man nun unter dem »Unternehmen OZMA«? Das Buch »Wir sind nicht allein« schildert uns die weltweiten Bemühungen dieses wissenschaftlichen Unternehmens, das seinen Namen einer sagenhaften indischen Prinzessin entlieh, die nach der Mythologie aus dem Universum gekommen sei. — Was will nun dieses — nach Rückschlägen immer wieder neu aufgenommene — Forschungsvorhaben?
Die astronomische Wissenschaft verwendet neuerdings immer größere »Parabolspiegel« — riesige Hohlspiegel-Antennen zum Empfang kosmischer Strahlung, die eine weit größere Reichweite besitzen als selbst die allergrößten Spiegelteleskope (Fernrohre). So hat man 1971 in den Eifelwäldern einen 100-Meter-Spiegel für die Bonner Radio-Astronomen gebaut, bislang das größte vollbewegliche Radioteleskop der Welt. Mit seinem gewaltigen Spiegeldurchmesser ist dieses Radioteleskop in der Lage, auch die schwächsten, weil fernsten jener Radioquellen im Weltall wahrzunehmen, die »Quasare« (quasistellare, sternähnliche Objekte) genannt werden. Nach heutiger Anschauung sollen sich diese in ca. 10 Milliarden Lichtjahren Entfernung von der Erde und damit buchstäblich am Ende der Welt befinden.
Im allgemeinen wurden solche technischen Geräte bislang zur genaueren Erforschung der Sternenwelten und -systeme verwendet.

In England begann man zum ersten Male damit, mit ihrer Hilfe das Universum nach »Funkzeichen« und Signalen »hochzivilisierter Lebewesen auf den Planeten anderer Sonnensysteme« abzutasten. Da nach heutiger wissenschaftlicher Schau Millionen von Sonnensystemen, viele davon mit Planeten, auch solche mit den Lebensbedingungen der Erde, existieren, könne es nicht ausgeschlossen werden, daß planetarische Lebewesen, die uns weit überragen, schon lange versucht haben könnten, mit dem Planeten Erde Kontakte aufzunehmen. Diese Signale aber, so folgerte man, können eben erst mit den heutigen Hilfsmitteln erfaßt werden. Und so richtete man die gewaltigen Parabolspiegel-Antennen auf »Gebiete des Universums, die möglicherweise Planeten aufweisen, die durch erdähnliche Lebensbedingungen bewohnbar sein könnten«. Man stellte sich die Frage: Wie würden sich jene Wesen, die ja unsere Sprachen und Funksysteme nicht kennen, bemerkbar machen, wenn sie mit uns Kontakt aufnehmen wollten? Nun, vielleicht durch das Ausstrahlen geometrischer Lehrsätze (etwa des Pythagoras) oder bestimmter mathematischer Formeln, die überall im Kosmos gelten, oder aber gar durch die Wiedergabe von Rufzeichen ehemaliger irdischer Fernsehanstalten!

Vor das gleiche Problem sieht man sich heute gestellt, wo man den umgekehrten Weg geht und Funkbilder und Verhaltensmuster entwickelt, die man von der Erde aus in den Weltraum abstrahlen will. Darin müssen wichtige Daten wie die Art der Zusammensetzung der irdischen Lufthülle und Meere enthalten sein, die Zweigeschlechtlichkeit des Menschen, die Anzahl der irdischen Elemente usw.

Wie erstaunt war nun ein englisches Gelehrtenteam, als es nicht mehr nur kosmisches Sternengeknatter, sondern klare Fernsehsignale empfing, die vor Jahren einmal gebraucht worden waren, nun aber längst nicht mehr gesendet wurden! Schon meinte man, die erwünschten Kontakte mit planetarischen Lebewesen hergestellt zu haben, doch erwies sich dies als Trugschluß, wenngleich das rätselhafte Auftauchen längst verblichener Funksignale noch nicht geklärt ist. Aber mit immer größeren und kostspieligeren Apparaten arbeitet man auch auf diesem Gebiet weiter.

In der »Stuttgarter Zeitung« vom 16. Okt. 72 (Nr. 239) wurde unter der Schlagzeile »KLOPFZEICHEN AUS DEM WELT-

RAUM?« über Vorträge des 23. internationalen astronautischen Kongresses berichtet. »Noch ist kein Lebenszeichen aus einer fremden Sternenwelt auf der Erde entdeckt worden. Die Wissenschaftler, die bisher vergebens nach solchen Signalen geforscht haben, wollen jedoch nicht aufgeben. Mit neuen Instrumenten, die alle früheren Geräte an Leistungsfähigkeit weit übertreffen, hoffen sie eines Tages die Frage nach möglicherweise existierenden intelligenten Wesen in der Tiefe des Universums . . . beantworten zu können.« Mit einem »System von 1000 oder mehr beweglichen Antennen« soll der Sternenhimmel »auf elektromagnetische Klopfzeichen« abgetastet werden. »Nach diesem Projekt mit der Bezeichnung ›CYKLOPS‹ sollen alle in dem etwa 20 qkm großen Antennenwald anfallenden kosmischen Daten in eine zentrale Rechenanlage gespeist und dort verarbeitet werden.« Dieses System besitzt eine ungeheure Reichweite — 10000fach größer als das erfolglos abgebrochene Projekt OZMA — und könnte selbst Funksignale geringster Stärke herausfiltern. Der Nutzen eines Projektes von 10 Milliarden Dollar Kosten wird von dem amerikanischen Wissenschaftler Bernhard M. Oliver wie folgt beschrieben: »Nach allem Ermessen hat es in der Milchstraße seit 4 oder 5 Milliarden Jahren intelligente Zivilisationen gegeben. Sehr wahrscheinlich haben viele von ihnen interstellare Verbindungen hergestellt. Wenn das der Fall ist, hat es bereits seit Äonen eine Kommunikation zwischen Zivilisationen gegeben, und es mag durchaus eine Signalstrahlung geben, die jungen Rassen, wie wir es sind, *helfen könnte, sich dieser galaktischen Gemeinde anzuschließen.*«

## Ost und West im gleichen Streben vereint

Solche Dinge aber werden nicht nur im wissenschaftsgläubigen und okkult bereiten Westen betrieben, sondern auch in der Sowjetunion, wo bereits eine Gelehrtengruppe den Funkkontakt mit außerirdischen Lebewesen vorschnell bekanntgegeben hatte; doch wurde auch dieser verfrühte Triumph wieder abgeblasen, als er sich als nicht stichhaltig erwies. Wie sehr gerade das »materialistisch« denkende Sowjetrußland mit solchen geradezu mythischen Ereignissen rechnet, mag folgendes zeigen: Sowjetische Gelehrte haben im Orient lange, sanft ansteigende Steinbarrieren ausgegraben, deren Sinn unerfindlich war. Sie deuteten sie als »Startrampen kosmischer Raketen der Urzeit«, welche die Erde besucht und wieder verlassen hätten, als es auf ihr noch keine intelligenten Menschen gegeben hätte. — Viele werden sich auch noch an den großen Meteoreinschlag in Sibirien erinnern, der in die dortigen Wälder einen unermeßlich großen Krater riß. An Augenzeugenberichten, am merkwürdigen Fall der Bäume und ihrer eigenartigen Verkohlung, auch an der Eigenart des Kraters und anderen Anzeichen gemessen, konnte dies aber kein Meteoreinschlag, sondern vielmehr nur eine atomare Explosion gewesen sein. Russische Forscher deuteten das Ereignis als die »Explosion eines atomgetriebenen Raumschiffes außerirdischer Wesen«. Ihre Berichte wurden auch in Zeitungen der DDR abgedruckt. —

Es ist doch beachtenswert, wie hier Ost und West gleicherweise durch die Mächte und Gewalten ideologisiert werden, wodurch sich eine wissenschaftliche Einheit mit geradezu religiösem Charakter zwischen beiden Machtbereichen anbahnt. *Das ist die Tarnung, die sich der Satan mit seinen Mächten heute zulegt, indem er das Mythische* (Bockshorn und Pferdefuß) *auslöscht und das Kommen seiner Mächte und seines »Menschensohnes« »wissenschaftlich« — ideologisch in den Hirnen der Menschen anbahnt.*

Besonders interessant ist es nun, wie Gelehrte in aller Welt dieses kostspielige Unternehmen begründen, um es nicht als bloße Spielerei abwerten zu lassen.

## Kosmische Lehrmeister gesucht

Ist die Suche nach fernen planetarischen Welten und Wesen lediglich ein Erzeugnis wissenschaftlicher Neugierde? Die Begründung überrascht um so mehr, wenn wir sie zusammenschauen mit den Welteinheitsbestrebungen, wie sie der britische Geschichtsphilosoph Toynbee zum Zwecke der Lösung weltweiter Probleme vorgeschlagen hat (s. »Gnade und Herrlichkeit« Bd. 1967, Heft 1, S. 30).

Man sagt, wenn es ferne kosmische Zivilisationen gibt, die in der Lage waren oder sind, mit uns Kontakt aufzunehmen, oder die gar schon vor Jahrtausenden auf Erden landeten, dann müssen

uns diese technisch, kulturell und zivilisatorisch, vielleicht gar um Millionen von Entwicklungsjahren, überlegen sein. Auch sie würden nach den Grundgesetzen alles Lebendigen die »Kinderkrankheiten« durchgemacht und bewältigt haben, an denen die heutige Menschheit zugrunde zu gehen droht (Überbevölkerung der Welt, Umweltverschmutzung, fortschreitende Schwächung ihrer Erbsubstanz, Gefahren der atomaren Bewaffnung und des scheinbar unüberwindlichen Aggressionstriebes, scheinbar unüberwindlicher Völkernationalismus, der einer Weltregierung entgegensteht usw.). Wenn sie aber ihren eigenen möglichen Untergang überwunden und friedlich gemeistert hätten, dann könnten sie unsere Lehrmeister werden und durch ihre Belehrung der Menschheit zu einem Entwicklungssprung von Jahrtausenden verhelfen. Dies aber setzte voraus, daß wir mit ihnen, oder aber sie mit uns endlich Kontakt bekämen, — der (auch nach dem Zeugnis der Bibel!) von ihrer Seite aus schon einmal erfolgt ist. Könnte sich in dieser Sicht nicht ein weltweites Spürprogramm auszahlen?
Merkwürdigerweise trifft sich das mit der Ideologie der UFO-Sekten, die in den zahllosen Phänomenen der »unbekannten Flugobjekte« bereits kosmische Besucher vermuten. Was Sternwarten, Schiffsbesatzungen und nüchterne Flugzeugkapitäne, ja, selbst wachsame Militärs beobachtet haben — in einer eigenartigen Häufung während des Siebentagekrieges 1967 — kann nicht einfach nur »überreizten Sinnen« zuzuschreiben sein.
Was haben wir davon zu halten? Bewegen sich etwa schon die »Kräfte des Himmels«? Oder sind dies Bewegungen himmlischer Heere (des Lichts oder der Finsternis), zumal doch wirklich »Michael für Israel streitet« (Dan. 10,21; 12,1)?
Der bekannte Psychologe und Psychotherapeut Prof. Dr. C. G. Jung (1875—1961) schrieb im Vorwort seines Buches »Ein moderner Mythos«, das Vorhandensein dieser Objekte sei »so bedeutend, daß ich mich gedrängt fühle, wiederum, wie schon früher, in jener Zeit, wo sich die Ereignisse vorbereiteten, die Europa ins Mark treffen sollten, einen Warnruf zu erheben. Es ist keine Anmaßung, die mich treibt, sondern mein ärztliches Gewissen, das mir rät, meine Pflicht zu erfüllen, um die wenigen, denen ich mich vernehmbar machen kann, vorzubereiten, *daß der*

*Menschheit Ereignisse warten, welche dem Ende des Äons entsprechen«.* (Zitiert nach Pasedag: Christus und Israel, S. 380.)

## Satans bevorstehender Sturz

Im folgenden soll nun auf den endzeitlich-prophetischen Grundzug der geschilderten technischen Unternehmungen und auf das in ihnen wirkende »Geheimnis der Gesetzlosigkeit« eingegangen werden. Nach Menge zitieren wir hierzu Offb. 12,7-12. In den dort genannten endzeitlichen Ereignissen sahen wir schon mehrfach eine Neuauflage des Geschehens von GN 6:

»Es erhob sich dann ein Kampf im Himmel: **Michael und seine Engel kämpften mit dem Drachen; auch der Drache kämpfte und seine Engel, doch errangen sie den Sieg nicht, auch wurde ihre Stätte nicht mehr in dem Himmel gefunden. So wurde denn der große Drache, die uralte Schlange, die den Namen ›Teufel‹** (Verwirrer, Verleumder) **und ›Satan‹** (Gottesfeind, Widersacher) **trägt, der Verführer des ganzen Erdkreises, auf die Erde hinabgestürzt, und seine Engel wurden mit ihm hinabgestürzt.**
Da hörte ich eine laute Stimme in dem Himmel ausrufen: Jetzt ist die Rettung, die Macht und die Königsherrschaft unseres Gottes geworden und die Herrschervollmacht Seines Messias! Denn hinabgestürzt ist der Ankläger unserer Brüder, der sie vor unserem Gott verklagt hat bei Tag und bei Nacht.
Diese haben ihn um des Blutes des Lammes und um des Wortes ihres Zeugnisses willen besiegt und haben ihr Leben nicht geliebt bis zum Tode. Darum freuet euch, ihr Himmel und alle ihre Bewohner!
Wehe aber der Erde und dem Meer! Denn der Teufel ist nun zu euch hinabgekommen und ist in gewaltiger Wut entbrannt, weil er weiß, daß seine Zeit nur noch kurz bemessen ist!«

Was vom himmlischen Blickpunkt aus als gewaltsamer »Hinabsturz« erscheint, zeigt sich dem irdischen Auge als ein »Herabkommen« (V. 12). Welcher Herrschaftswechsel im Lufthimmel nach der Entrückung der Gemeinde »in Wolken dem Herrn entgegen in die Luft«, die bislang das Vollmachtsgebiet des Satans und seiner Mächte war (1.Thess. 4,17; Eph. 2,2)!

Hier öffnen sich wiederum »die Schleusen des Himmels« zur überströmenden endzeitlichen Flut, auf die wir schon mehrfach in diesem Buche hingewiesen haben.
Jenen Tag seiner Invasion aber bereitet der Satan in den Parolen der Technik ebenso wie durch die hochgespannte kosmische Erwartung der Menschheit und durch deren zunehmende okkulte Bereitschaft vor.
Menschen und Geister mißachten die von Gott ihnen zugewiesene Grenze. Der Mensch strebt nach dem Amtsbereich der Fürsten und Mächte der Finsternis. Jene kosmischen Herrscher (Kosmokratoren) aber erstreben den Amtsbereich des Menschen. Beide mißachten damit die Grenze, den »Vorhang«, den Gottes Weisheit zwischen Geister- und Menschenwelt gezogen hat. So durchdringen sich Menschen- und Geisterwelt wie in der Urzeit (GN 6) noch einmal in der Endzeit, was zur Ausgestaltung des Weltherrschers »von Satans Gnaden« führen wird. Dieser wird alle Nationen unter der Parole »Friede und Sicherheit« einen, wird aber auch Feuer vom Himmel fallen lassen und so die Wunderforderung der jüdischen Feinde Jesu erfüllen (1.Thess. 5,3; Luk. 11,16). Seine Selbstdarstellung geschieht in Zeichen und Wundern der Lüge. Wie ich schon darzulegen versuchte, warten heute schon alle Weltvölker auf den »großen Mann« mit »übermenschlicher« Erfahrung, der dann in der Lage ist, die Weltprobleme für kurze Zeit auf seine Weise zu lösen!

## Erscheinen Engelmächte in Anpassung an heutige Technik?

Nun müssen wir uns allerdings fragen: Ereignet sich das »Herabkommen« Satans und seiner Mächte auf die Erde in einer Weise, wie es sich etwa mittelalterliche Künstler, oder später Dürer, vorstellten? Wird der Satan buchstäblich als Drache erscheinen oder in den Vorstellungsbildern, die man sich bislang von ihm machte? Werden jene Mächte überhaupt in die Sichtbarkeit eintreten, wenn sie einmal auf Erden sind? — Nur eines scheint festzustehen: Ihr Kommen (das Michael mit seinen Engelheeren erzwingt) *zielt auf sichtbare Erscheinung und Verkörperung zumindest im »Sohn des Verderbens« und in seinem Propheten* (2.Thess. 2; Offb. 13).

Hier sei auch die Frage gestellt, ob jene Mächte nicht vielleicht tatsächlich in einer von der technisierten Menschheit ersehnten und erwarteten Weise als »Planetarier« auf Erden erscheinen werden, weil sie sich nicht nur an die Erscheinungsweise eines »Engels des Lichtes«, sondern offensichtlich auch an die jeweilige technische Erscheinungswelt anpassen?

Erscheinen denn Himmelsheere, indem sie sich technischer Formen der Menschheit bedienen?

In 2.Kön. 6,14-17 offenbaren sich die kampfbereiten Engelheere Michaels im Auftrage Jehovas der Heerscharen (JHWH-SABAOTH) mit »feurigen Rossen und Streitwagen«, die ringsum die Flanken eines Berges bedecken. Rosse und Streitwagen aber stellten in der damaligen Zeit das dar, was heute die Panzer sind! Ob die Gottesheere auch heute noch mit Schwert, Roß und Streitwagen für Israel kämpfen — einmal abgesehen davon, daß auch diese Kampfmittel der unsichtbaren Welt entstammen?
*Oder geschieht nicht auch in den Himmelswelten eine Anpassung an die jeweiligen technischen Formen menschlicher Selbstbehauptung*, so wie es offensichtlich in der Zeit des Elias geschah? Wir meinten im vergangenen israelisch-arabischen Krieg etwas vom Kampf der Heere JHWH's in den Formen heutiger Waffentechnik zu verspüren.
Wir fragen weiter: Könnte es nicht geschehen, daß die satanischen Mächte in Formen wie den »UFOs«, in »Weltraumgeräten« oder anderen technischen Apparaten erscheinen, wie es in Urzeiten offensichtlich geschehen ist, und wie es sich heute die wissenschaftlich geprägte Menschenwelt erträumt? Dabei dürfen wir nicht vergessen, daß jene Mächte ja tatsächlich ein »oikätärion«, eine »Behausung«, »Wohnstätte«, »Geistleiblichkeit« — vielleicht auch ein »Raumgefährt« besitzen (Judas 6).
Ich meine etwas von solchen Erscheinungsmöglichkeiten zu verspüren, wenn ich Hesekiels Beschreibung jener Mächte lese (Hes. 1,15-21); dabei fühlt man so recht das sprachliche Ringen des Propheten, das visionär Geschaute genau wiederzugeben, was ihm offensichtlich nicht vollkommen gelingt, da es im technischen Instrumentarium jener Zeit keine vergleichbaren »Apparate« gab.

Aber ähneln die rätselhaften »Räder« nicht »unbekannten Flugobjekten« oder kosmischen Fluggeräten, — freilich gesteuert vom Geiste jener Lebewesen, die mitsamt ihren »Flügeln« der unsichtbaren Welt angehören?

Lesen wir:

»Und mitten zwischen den Tierwesen (Cheruben) war etwas, das wie brennende Feuerkohlen aussah, wie Fackeln, deren Feuer zwischen den Tierwesen beständig hin- und herloderte; und das Feuer hatte einen strahlenden Lichtglanz, und Blitze zuckten aus dem Feuer hervor; und die Tierwesen eilten hin und her, so daß es aussah wie Blitzstrahlen. Als ich nun die Tierwesen genauer betrachtete, sah ich je ein Rad auf dem Erdboden neben jedem der vier Tierwesen. Das Aussehen der Räder war wie der Schimmer von Chrysolith, und alle vier hatten die gleiche Gestalt, und sie waren so *hergestellt* (gearbeitet), *als ob ein Rad innerhalb des anderen Rades wäre.* Nach allen vier Seiten hin liefen sie, wenn sie liefen, *ohne beim Laufen* (während der Bewegung) *eine Wendung vorzunehmen.* Ihre Felgen aber — sie hatten eine gewaltige Höhe und Furchtbarkeit — waren bei allen vier Rädern *ringsum voller Augen* (Fenster?); und wenn die Tierwesen sich in Bewegung setzten, so liefen die Räder neben ihnen; und wenn die Tierwesen sich vom Erdboden erhoben, dann erhoben sich auch die Räder: wohin der Geist jene zu gehen trieb, dahin gingen die Räder ebenfalls und erhoben sich zugleich mit ihnen; denn *der Geist der Tierwesen war in den Rädern:* wenn jene gingen, so gingen sie auch, und wenn jene stehenblieben, so blieben sie auch stehen, und wenn jene sich von der Erde erhoben, so erhoben sich auch die Räder zugleich mit ihnen; denn der Geist der Tierwesen war in den Rädern!« (Hes. 1,13-21).

Wer dies nicht als assyrisch-hebräische Mythologie abtun will, muß wenigstens die Möglichkeit solcher Erscheinungen und Verkörperungen auch in der sichtbaren Welt offenlassen.

Über Gottes Feuerwagen und Feuerrosse, deren Getöse die Feinde hören können, berichten 2.Kön. 2,11-12; 6,17; 7,6. »Wagen der Rettung« sind es, auf denen JHWH einherzieht wie der Sturmwind (Hab. 3,8; Jes. 66,15). Und Ps. 68,17 gibt gar ihre Zahl an: »Der Wagen Elohims sind 20 000, Tausende und Abertausende; der HERR ist unter ihnen — ein SINAI an Heiligkeit!« Männer

Gottes, welche diese Streitwagen sahen, riefen aus: »Wagen Israels und seine Reiter!«

## Okkultismus im Vordringen

Eines aber ist bei alledem gewiß:
Heute strömt auch durch die Programme, Parolen und Unternehmungen der Technik der geheime Zug *zu einer weltweiten, Ost und West umspannenden Medialisierung. Die Offenheit für den Kosmos und für raumumgreifende Ideologien vermittelt zugleich eine immer größere Kontaktbereitschaft anderen Welten und außerirdischen Wesen gegenüber. So wächst ein untergründig-unbewußter, technisch getarnter Okkultismus heran,* der dem plumpen Okkultismus unserer Dörfer und Städte nur oberflächlich besehen unähnlich ist. (Hier sei einmal daran erinnert, daß es nach Schätzungen allein in Rio de Janeiro Tausende spiritistischer Zirkel gibt!) Sicher hat der verstorbene Theologieprofessor Karl Heim im letzten Kapitel seiner Selbstbiographie »Ich gedenke der vorigen Zeiten« die ganze Breite dieses weltweiten Okkultismus vor Augen gehabt, als er darin die Frage aufwarf, »wer bei dem geistigen Ringen unserer Tage den Sieg gewinnen werde, der dialektische Materialismus oder etwa der Kapitalismus«. Die Antwort, die er gibt, lautet überraschenderweise, daß er weder dem einen noch dem anderen zuteil werden würde, sondern dem Okkultismus. Heim begründet seine Schau mit Beispielen, bei denen es einem kalt und warm über den Rücken laufen kann (zitiert nach Pastor Karl Merz: »Von den Engeln« — ›Gnade und Herrlichkeit‹ 1966).
Wir müssen wahrlich damit rechnen, daß sich die kosmischen Mächte des Teufels auch auf den »Materialismus« der Technik eingestellt haben und sich heute auch ihrer Formen bedienen, zumal in der Endzeit, wenn der Satan sich im letzten Weltherrscher verkörpern will. Es sind lediglich Dämonen niederen Ranges, die heute noch zu den Mitteln transzendenten Spuks greifen; es ist zu vermuten, daß solche Erscheinungen mehr und mehr schwinden und »zeitgemäßeren« Platz machen werden!
Dieser Beitrag sei mit einem Wort vom Glauben her beschlossen. Wir bekennen:

»Unser Wissen und Verstand
ist mit Finsternis umhüllet,
wo nicht Deines Geistes Hand
uns mit hellem Licht erfüllet!
Gutes denken, tun und dichten
mußt Du selbst in uns verrichten!«

Die Aussagen und Vermutungen der Wissenschaft sind für die Glaubenden allenfalls ein in stürmischer Nacht angerissenes Streichholz, das sofort wieder erlischt und den Weg nicht zu erhellen vermag.
Dagegen wird uns das prophetische Wort immer gewisser, je mehr es sich durch die Zeiten hindurch erfüllt. Es ist einer Lampe vergleichbar, die stetig an einem dunklen Orte, in dieser finsteren Weltzeit, leuchtet. Diese Lampe ist »unseres Fußes Leuchte und ein Licht, das uns den Weg weist« — durch die Weltgeschichte hindurch bis zur Vollendung der Heilsgeschichte. Darum tun wir gut daran, genau auf das prophetische Wort zu achten. Als Lampe leuchtet es bis zum Anbruch des Tages Jesu Christi, wo Er Seiner Gemeinde selbst — noch vor Anbruch dieses Tages — als der »Morgenstern« aufstrahlen wird. — Eines aber müssen wir bei jeglicher Beschäftigung mit dem Wort der Prophetie wissen und beachten: Daß keine Weissagung der Schrift eigenwillig und eigenmächtig ausgelegt werden darf (sondern vielmehr nach der ihr eigenen göttlichen Gesetzmäßigkeit). Dies aber hat seine Ursache darin, daß die Weissagung niemals durch den Willensentschluß eines Menschen gesprochen und geschrieben wurde; vielmehr wurden heilige, zu diesem Dienste ausgesonderte Gottesmänner dazu angetrieben vom Heiligen Geiste. *Weil also Prophetie niemals eigenwillig erzeugt wurde, darf sie auch nicht eigenmächtig ausgedeutet werden* (2.Petr. 1,18-21).
In 1.Kor. 2,9 bezeugt Paulus einen wunderbaren Tatbestand:
»Was kein Auge je gesehen hat, und kein Ohr gehört hat, was auch in keinem Menschenherzen (an Gedanken) aufstieg, — eben das hat GOTT denen zubereitet, die IHN lieben. — ER hat es uns enthüllt durch Geist; denn der Geist erforscht alles, auch die Tiefen Gottes!«
Während Auge und Ohr die Organe der naturwissenschaftlichen

Erkenntnisaneignung bilden, ist das menschliche Herz das Organ der religiösen Schau und Erkenntnisaneignung.
Heute sind Auge und Ohr technisch unermeßlich erweitert! Denken wir nur an die großen Spiegel-Teleskope (Fernrohre), an Elektronen- und Ionen-Mikroskope, an die Möglichkeiten der Infrarot-Photographie, an die »Augen« von Robotern, Raketen und Satelliten, an weltweites Fernsehen über Fernsehsatelliten. Denken wir auch an die Möglichkeiten der Telegraphie, an weltweites Radio, an die riesigen Parabolspiegel, die wie Riesenohren das Universum ablauschen, — aber auch an die Glut des Menschenherzens in mächtigen Gefühlen, Gedanken und unbewußten Kräften.
*Beide Wege aber, sowohl der Weg der Sinne und der technisch erweiterten Sinne als auch der gefühlsmächtige Weg jeglicher Religion, vermitteln keine Wesenserkenntnis Gottes. Das einzige Organ zum Empfang göttlicher Offenbarung und Wesensschau ist die Liebe zu IHM, ist der Heilige Geist, den Gott denen verleiht, die Ihn lieben.*
So wollen wir unseren Weg weitergehen. Der Herr schenke es uns, daß wir uns immer mehr den Wirkungen Seines guten Geistes öffnen und uns immer mehr den Parolen, Gedanken und Geistesmächten der Finsternis verschließen — in nüchterner Wachsamkeit, in gesundem Glauben und geistlicher Wachheit! Er öffne uns die Augen für unser eigenes törichtes Herz, für die innere Lage unserer Zeit und Welt, aber noch mehr für Seine uferlose Liebe, in der Er uns zur Sohnschaft für sich selbst in Christo berief!

# V. Henoch, der Gottesprophet

In Hebr. 11,5-6 wird HENOCH zu den großen Glaubens- und Gottesmännern des Alten Bundes gezählt. Sie alle gehörten zur werdenden Gottesgemeinde; die Märtyrer unter ihnen erhielten beim Tode Jesu eine »bessere Auferstehung« und begleiteten Ihn als »Wolke der Zeugen« bei Seiner Thronerhöhung; die aber zu Lebzeiten den Weg des Triumphes gegangen waren, werden erst »zusammen mit uns zur Vollendung gebracht« (Hebr. 11,35. 40; Matth. 27,51-53).

### Henoch und Noah — zwei Arten der Errettung

HENOCH und NOAH stellen ebenfalls zwei verschiedene Weisen der Errettung vor oder in der großen Flut dar. Diese erscheint im »prophetischen Rückspiegel« als Gottes zweites Wassergericht, als Neuauflage des großen TEHOM — jenes abgründigen und chaotischen Urmeeres, das die erste Schöpfung Gottes überflutet hatte (1.Mose 1,2 und 2.Petr. 3,5-6). In der prophetischen Zukunftsschau aber ist sie das Bild einer künftigen weltumfassenden endzeitlichen Überflutung mit satanischem Geist (Dan. 9,26; Luk. 21,25). Während sich in der Sintflut die »Schleusen des Himmels« und die »Brunnen (oder Schächte) der großen Tiefe (TEHOM)« öffneten und ihre Wasser über die Erde ergossen, werden in den letzten Jahren dieses Äons »die Wasser von oberhalb der Feste« (= unsichtbare Mächte) mit dämonischen Geistern aus den Verliesen des Abgrunds die Erde überfluten.

Der Name seines Vaters JERED (= Herabsteigen) könnte darauf hindeuten, daß Henoch den Einbruch der Götter noch miterlebt und die kommenden Gerichtskatastrophen prophetisch geschaut hat; er wurde aber »vor dem kommenden Zorn errettet« (s. 1.Thess. 1,10), während Noah in der Arche durch die Flut hindurch bewahrt wurde.

Beide werden aus irdischen Aufgaben herausgerissen. War doch Henoch ein Gottesprophet (Judas 14), Noah hingegen ein »Herold der Gerechtigkeit« (2.Petr. 2,5). Sie werden dem Dienst an ihrer

gerichtsreifen Generation entnommen, um Gott für die Aufgaben in einer erneuerten Welt zur Verfügung zu stehen.
Ihre Generation war in besonderer Weise »böse und ehebrecherisch«, »sündig, untreu und verdreht«, »verkehrt und verwirrt«, wie hernach die Generation, von der Jesus sagen mußte: »Wie lange muß ich bei euch sein?« (vgl. Matth. 11,16; 12,39. 41. 45; 16,4; Mk. 8,38; Matth. 17,17; 23,34-39; Luk. 11,50-54; Luk. 17,25; 21,29-32; Matth. 24,32-37; Apg. 2,40; Phil. 2,15). Aus dem Zeitenfluß werden drei Generationen herausgehoben und in besonderer Weise gezeichnet: die vorsintflutliche, die Generation zu Zeiten Jesu und die Endzeitgeneration des seit 1948 saftig werdenden Feigenbaumes JUDA.
So werden HENOCH (= eingeweiht / heilig / Darbringung / Unterrichteter) und NOAH (= Trost / Ruhebringer / Tröster) zu prophetischen Typen des Endzeitgeschehens: *Henoch zum Bild der Entrückungsgemeinde, Noah zum Bild des glaubenden Israel.* Die Gemeinde Jesu wird gewiß noch die Welt-Dämonisierung miterleben, wenn sie vor (und vielleicht noch in) der letzten Drangsal ihr prophetisches Zeugnis ablegt; doch wird sie dem letzten, »eschatologischen«, Zorn entrissen. Israel hingegen wird als Anbruch der neuen Welt, zum »Leben aus Toten« durch die Trübsal hindurch errettet, um hernach seinem Messias zu begegnen. Eigenartigerweise ist die babylonische Deutung des Namens Henoch »der zum Himmel auffahrende Hirte«.
Beide werden in kommenden Äonen zur Darstellung des ganzen Gnadenreichtums Gottes und zu weltumfassenden Aufgaben bereitstehen; nachdem die »Wasser der großen Flut verflossen sind«, wird die Christusgemeinde mit dem erneuerten Israel in der »Hochzeit des Lammes« vereint werden. –

## Das geistliche Werden Henochs – und das der Gemeinde heute

Das geistliche Werden Henochs soll uns nun zum Vorbild für das geistliche Werden der Christusgemeinde in ihrer endzeitlichen Ausreife werden.
Alles Leben, bei Pflanze, Tier und Mensch, aber auch alles geistliche Leben, entfaltet sich wachstümlich bis zur Vollreife nach dem

Gesetz von Saat und Ernte. Wie es nun im persönlichen geistlichen Leben eine Kindheit, Jünglingschaft und Vaterschaft gibt, so wird die Gemeinde Jesu in ihrer kirchengeschichtlichen Ausreife wohl ähnliche Reifestufen aufweisen (vgl. 1.Joh. 2,12-14). Die Verstockung Israels währt, bis die Gemeinde ihre »Vollreife« (so besser als »Vollzahl«) erreicht hat; dann wird Ganzisrael errettet werden (Röm. 11,25-26).

Neben diesem geistlichen Grundgesetz bietet uns auch Gottes Wort selbst Anhaltspunkte dafür, daß Henoch in einem geistlichen Werden stand, wobei allerdings jede Reifestufe vom »Vertrauen« (Glauben) charakterisiert war. Doch gab es auch in seinem Leben »Wachstumsknoten«, also Ruhephasen, wie kräftige, wachstumsfördernde Momente.

In 1.Mos. 5,18-24 lesen wir:

**»Und JERED lebte 162 Jahre und zeugte CHANOK (= Henoch). Und JERED lebte, nachdem er HENOCH gezeugt hatte, 800 Jahre und zeugte Söhne und Töchter. Und alle Tage JEREDS waren 962 Jahre, und er starb. –**

**Und HENOCH lebte 65 Jahre . . . und zeugte METHUSALAH . . . Und HENOCH wandelte (hielt Schritt) mit Gott, nachdem er METHUSALAH gezeugt hatte, 300 Jahre und zeugte Söhne und Töchter. Und alle Tage HENOCHS waren 365 Jahre.**

**Und HENOCH wandelte mit Gott; und er war nicht mehr** (die Septuaginta ergänzt: **gefunden), denn Gott nahm ihn hinweg.«**

Schon dieser Text weist auf deutliche Wachstumsstufen hin.

Erst einmal »lebt« Henoch – offensichtlich in der Weise seiner Zeitgenossen. Matth. 24,37-38 nennt als ihren einzigen Lebensinhalt »Essen, Trinken, Heiraten und Verheiraten (der Kinder)«.

Dann aber nimmt sein Leben eine plötzliche Wendung, die offensichtlich in geheimnisvoller Weise mit der Zeugung und Geburt METHUSALAHS zusammenhängt, denn *»danach wandelte er mit Gott«*, »hielt er Schritt« mit Gottes Gedanken, Plänen und Liebeszielen, mit Gottes Vorwärtsschreiten durch heilsgeschichtliche Prozesse. Welche Wende!

Henoch ergreift die Chance der Lebenswandlung; nun erst zählen seine Jahre – sinnvoll gestaltet und verwaltet – vor Gott. Nun kauft er klug die »kairoi« aus, – die in sein Leben gelegten göttlichen Gelegenheiten und Heilstermine (Eph. 5,16); dies aber ist Kennzeichen der Weisheit von oben! Er »zählt klug die Tage, um ein Herz voll Weisheit heimzubringen« (so Rabbiner Hirsch nach Ps. 90,12).

Auch uns wird jene erfrischende Wende eines Neubeginns, einer »zweiten Bekehrung« geschenkt. Man lese einmal 2.Kor. 1,8-16 im Zusammenhang, um zu erkennen, wie der Apostel darum ringt, seinen Gemeinden »eine zweite Gnade« zu vermitteln; denn »Gott schenkt größere Gnade« (Jak. 4,6)!

Wie erfrischend wirken Gottesmenschen, die »mit Gott Schritt halten«, und zwar in jeglicher Weise, auch darin, daß sie Weltereignisse als Heilsereignisse im Lichte des prophetischen Wortes schauen. Auf diese Weise werden sie befähigt, auch selbst als »Himmelslichter in dem Kosmos zu scheinen und Gottes Wort lebendig darzustellen« (Phil 2,15-16). Heute kann man nicht mehr nur von den »altbackenen Brötchen« längst zurückliegender Gottes- und Christuserfahrung leben!

Auch der Gemeinde der Endzeit gilt Gottes Aufforderung, mit Ihm Schritt zu halten, im Lichte zu wandeln, wie Er im Lichte ist, und das »Wachstum Gottes« zu wachsen. So schenkt Gott bei aller beklagenswerten Zerrüttung unserer Zeit auch neue Aufbrüche in den Gemeinden, die an die Tage ihrer Jugend erinnern, — sei es nun ein Verlangen nach den Geistesgaben der Apostelzeit, ein treuliches Bewahren des Wortes Gottes in der Versuchungsstunde, ein neues Achten auf das prophetische Wort und seine Erfüllung in der Zeit, oder der immer stärker werdende Wunsch nach der »Einheit des Glaubens und der Erkenntnis des Sohnes«. Dieses »Altersmaß der Fülle des Messias« ist ja Gottes Ziel für die Ausreife der Gemeinde am Ende dieses Äons (Eph. 4,13). Dem, der treulich Gottes Wort bewahrt, gilt Jesu Verheißung, daß er bewahrt werden solle vor der Stunde der Versuchung, die über den ganzen Erdkreis kommen wird (Offb. 1,3; 3,10-11).

Wo aber ist die prophetische Botschaft der Gemeinde Jesu an die Welt, wie sie HENOCH als Prophet vor seiner Entrückung ausrichtete? Das kommende Gericht, der kommende Herr und das kommende Reich müssen ins Zentrum unserer Verkündigung rücken! Allein mit erbaulichen Stündchen und Bekehrungsbemühungen halten wir nicht Schritt mit Gott.

Welches »Geschrei um Mitternacht: Der Bräutigam kommt! Auf, Ihm entgegen!« erscholl doch während des Siebentagekrieges Israels im Jahre 1967 (vgl. Matth. 25,6). Wahrlich: spannungsgeladene Tage! Doch wie wenig ist geblieben. — Br. Miss. Schirrmacher schrieb damals:

»Es muß neu gefragt und neu geforscht und aufgeschlossen werden. Das gehört zu den Drangsalen, die sich um Seines Wortes willen erheben, aus denen die Geduld wächst mit der Bewährung und der daraus kommenden Erwartung. Es ist eine der tröstlichen Tatsachen der Schrift, *daß der Geist der Prophetie dem geschenkt wird, der sich danach ausstreckt.* Der Grund des großen Mangels an prophetischem Licht liegt meines Erachtens in dem Unglauben dem Wort gegenüber. Es ist erschütternd, immer wieder zu sehen, daß es nur wenige Menschen gibt, die allem glauben, was geschrieben steht ... Somit hat die Christenheit das prophetische Wort weitgehend verloren. Ein Teilglaube ist kein Glaube. Entweder glauben wir allem, was geschrieben steht, oder wir verfallen den Irrtümern, die Gott denen sendet, die die Liebe zur Wahrheit nicht angenommen haben ... Als die 12 Kundschafter Israels ins Lager zurückkehrten, sagten sie (im Hebräischen) 7 Worte des Glaubens und der Bestätigung dessen, was Gott gesagt hatte ... Dann aber folgen 70 Worte des Unglaubens und des bösen Mißtrauens: ›Das Land frißt seine Bewohner!‹ Dabei hatten sie die Wirklichkeit und die Erfahrung für sich, Riesen und Städte, deren Mauern bis in den Himmel reichten. Das Ergebnis war Sterben und für die Gemeinde eine vierzigjährige Wanderung, Weinen und falsche Entscheidungen: zurück nach Ägypten. *So wird es auch der Gemeinde ergehen, wenn wir nicht einen klaren Ton der Posaune hören lassen, der die Zagenden aufrichtet und die Zweifler erschreckt.*«

Dies sind ernste Worte. Ob nicht im Zusammenhang mit Matth. 25,8-10 zu bedenken ist, was Jesus sagt: »Denn wer da hat, dem wird gegeben werden, und er wird Überfluß haben; wer aber nicht hat, von dem wird selbst, was er zu haben scheint, genommen werden« (Matth. 13,12)? Und Offb. 22,11 bezeugt: »Wer da unrecht tut, tue fernerhin Unrecht, und wer unrein ist, verunreinige sich weiterhin, und wer gerecht ist, übe weiter Gerechtigkeit, und wer heilig ist, sei fernerhin geheiligt!«

Die Zeit des Endes ist verkürzt! Nun gilt es sich auf das Wesentliche zu beschränken und alle Kräfte für den »Endspurt« zusammenzuraffen. —
Was aber hat die Wandlung im Leben Henochs mit der Zeugung seines Sohnes METHUSALAH zu tun? Hat ihn die Geburt seines Sohnes so entzückt, daß er — gleichsam aus Dankbarkeit — nun sein Leben Gott in besonderer Weise weihen wollte? Etwa in der Art, wie wir oft eine Familienfrömmigkeit pflegen und gleichsam den HEILIGEN zum Familiengott degradieren?
Ganz gewiß nicht! Der Schlüssel zur Antwort scheint mir in den Namensbedeutungen zu liegen.
JERED, der Vater Henochs, scheint das HERABSTEIGEN der Götter miterlebt zu haben, oder sein Vater, der ihm diesen Namen gab. Sein Sohn HENOCH aber erhielt prophetische EINWEIHUNG in das kommende Gericht; diese Offenbarung wurde ihm wahrscheinlich in der Zeit zuteil, als sein Sohn geboren ward, weshalb er ihn mit dem merkwürdigen Namen METHUSALAH belegte, zu deutsch: TODESPFEIL — TODESSCHWERT — Mann des Schwertes oder Wurfgeschoß. Solche Namengebung ist nicht verwunderlich; haben doch oftmals Propheten Gottes ihre Söhne mit prophetisch wegweisenden Namen versehen (siehe Jes. 8,1-4).
Die neugewonnene prophetische Schau führte Henoch zum Wandel mit Gott, dargestellt aber wurde sie im Namen des zu jener Zeit geborenen Sohnes. Henoch zog also die praktischen Konsequenzen aus neuer Gotteserkenntnis. Judas 4-16 gibt uns dafür den Schriftbeweis. Dieser Text charakterisiert die Menschen, denen damals Henochs Weissagung galt, erweitert aber seine prophetische Perspektive auf die Endzeitgeneration und auf das Kommen Jesu zum Gericht. Ob Henoch schon so weit in die Äonen vor ihm hinausgeschaut hat? Fast scheint es Judas anzunehmen. — Wie werden nun Henochs Zeitgenossen und die Menschen der Endzeit gekennzeichnet? Es sind:

1. »Gewisse Menschen«, die sich in die Gemeinde eingeschlichen haben (V. 4)
2. Gottlose (oder: Gesetzlose), welche die Gnade unseres Gottes in Ausschweifung umkehren (V. 4)
3. Sie verleugnen unseren alleinigen Gebieter und Herrn Jesus Christus (V. 4)

4. Sie sind Träumer, die das Fleisch beflecken (V. 8)
5. Sie verachten die Herrschaft (V. 8)
6. Sie lästern Herrlichkeiten (himmlische Würdenträger — V. 8)
7. Sie lästern, was sie nicht kennen (wie die »moderne« Theologie — V. 10)
8. Was sie — wie die vernunftlosen Tiere — von Natur aus verstehen, darin verderben sie sich selbst (V. 10)
9. Sie sind den Weg KAINS gegangen (V. 11)
10. Für Lohn haben sie sich dem Irrtum BILEAMS überliefert (V. 11)
11. Sie sind im Widerspruchsgeist KORAHS umgekommen (V. 11)
12. Sie halten bei den Liebesmahlen der Gemeinde ohne Furcht Festessen mit deren Gliedern und weiden sich selbst (V. 12)
13. Sie sind: Flecken bei den Liebesmahlen (V. 12)
14. Wolken ohne Wasser, von Winden umhergetrieben (V. 12)
15. spätherbstliche Bäume, fruchtleer, zweimal erstorben, entwurzelt (V. 12)
16. Irrsterne, denen das Dunkel der Finsternis droht (V. 13)
17. wilde Meereswogen, ihre Schande ausschäumend (V. 13)
18. Murrende, mit ihrem Lose Unzufriedene (V. 16)

$18 = 3 \times 6 =$ die komplette Sünde und Gesetzlosigkeit.

»Im Hinblick auf diese« aber (in engerer prophetischer Schau die Menschen seiner Generation, in weiterer prophetischer Perspektive die Endzeitgeneration vor dem Kommen Jesu) »hat HENOCH, der siebente von ADAM, geweissagt und gesprochen:

›**Siehe, der Herr kommt inmitten Seiner heiligen Myriaden** (Zehntausende von Engeln), **um Gericht auszuführen gegen alle und völlig zu überführen alle ihre Gesetzlosen von allen ihren Werken der Gesetzlosigkeit, die sie in gottloser Weise verübt haben, und von all den harten Worten, die gottlose Sünder gegen IHN geredet haben!**‹«

Daß mitten im Gericht ein erstes Licht der Gnade aufglimmt, mag darin zu sehen sein, daß die »Überführung von Sünde, Gericht und Gerechtigkeit« zu den Anfangswirkungen des Heiligen Geistes gehört. Das Gericht hat also positiven Endzweck.

Wie sehr Henochs Weissagung über die Sintflut hinaus auf die letzten Tage vor der Christuswiederkunft zielt, kann ein Vergleich mit 2.Thess. 1,4-10 zeigen; auch dort wird von der »Vergeltung« oder »Rache« gesprochen, die der kommende Herr und Richter mitbringt, wie auch von den »Engeln Seiner Macht«, die Ihn in flammendem Feuer begleiten. –

## Henochs Entrückung – und die der Gemeinde

Nach dieser (vor der Geburt seines Sohnes Methusalah erfolgten) Prophezeiung *»wandelte HENOCH 300 Jahre mit Gott«* – wahrlich ein Zeichen der Festigkeit und Ausdauer im Glauben. In dieser Zeitspanne, wahrscheinlich aber erst in den letzten Jahren vor seiner Entrückung, empfing Henoch das Zeugnis des Geistes, *daß er Gott wohlgefalle.* Ob dies wohl auch von der Gemeinde gesagt werden kann, vielleicht wieder erst »unmittelbar vor ihrer Entrückung«? Lesen wir Hebr. 11,5-6:

**»Durch Glauben ward HENOCH entrückt, damit er den Tod nicht erblicken sollte, und er wurde nicht gefunden, weil Gott ihn geraubt (entrückt) hatte; denn** (unmittelbar) **vor der Entrückung hat er das Zeugnis empfangen, daß er Gott wohlgefallen habe; denn wer Gott naht, muß glauben, daß ER ist** (muß Seiner Existenz vertrauen) **und daß Er denen, die Ihn suchen, ein Belohner ist.«**

Glaube gestaltete den Reifeweg Henochs. Wir geben Hudson Taylor recht, der einmal sagte: »Nicht großen Glauben brauchen wir, sondern Glauben an einen großen Gott!«
Wenn wir beide Textstellen aus dem AT und dem NT zusammenschauen, ergeben sich folgende Glaubensschritte im Leben Henochs:

1. Henoch lebt – wie alle anderen – und befriedigt seine physischen Bedürfnisse;
2. Henoch empfängt eine prophetische Schau, die er erstmals im Namen seines Sohnes METHUSALAH niederlegt;
3. Henoch wandelt 300 Jahre mit Gott und gibt sein prophetisches Zeugnis an seine Zeitgenossen;
4. Der Glaube Henochs gestaltet sich aus;

5. Er empfängt das Zeugnis des Geistes, daß er Gott wohlgefalle;
6. Er wird »vor dem kommenden Zorn« entrückt (vgl. 1.Thess. 1,10 und 5,3-9);
7. Er wird von seinen Zeitgenossen gesucht, aber nicht gefunden.

Im übrigen kennt und nennt die Heilige Schrift 7 Entrückungen:

1. Die Entrückung Henochs
2. Die Entrückung des Propheten Elias (2.Kön. 2)
3. Die Entrückung (oder Himmelfahrt) Jesu
4. Die Entrückung des Philippus (Apg. 8,39)
5. Die Entrückung der Christusgemeinde (1.Thess. 4)
6. Die Entrückung einer Erstlingsschar aus Israel (Offb. 12,5)
7. Die Entrückung der beiden endzeitlichen Zeugen (Offb. 11,12)

Außerdem nennt sie Entrückungen »im Geist« bei Paulus (2.Kor. 12) und Johannes (Offb. 4,1-2). —
Henoch wurde von seinen Zeitgenossen *gesucht, aber nicht gefunden.* Dies wird sich wohl auch nach der Entrückung der letzten Gemeindegeneration ereignen. Man wird die Glaubenden suchen, man wird versuchen, das Rätsel des Verschwindens von Millionen Menschen zu erklären, wird aber weder sie selbst noch eine Lösung finden.
Henochs Entrückung geschah etwa 666 Jahre vor der großen Flut. Dem, der 666 als die Zahl des Antichristus kennt, kann auch dies zu einem Hinweis darauf werden, daß die Entrückung der Gemeinde wohl vor der eigentlichen antichristlichen Schreckensoffenbarung geschehen wird.
Mit dem Ende der »Zeiten der Nationen«, das in der Wiedervereinigung Jerusalems unter der Flagge Israels im Jahre 1969 zumindest begann, kann die Gemeinde Jesu jeden Tag vollendet sein!
Müssen nun auch wir auf ein spezielles Zeugnis des Geistes warten, der uns (vielleicht unmittelbar vor unserer Entrückung) kundgeben müßte, daß wir Gott wohlgefallen, um unserer Entrückung gewiß werden zu können? Oder besitzen wir dieses Geisteszeugnis nicht schon, da er allen Wiedergeborenen »in Zusam-

menarbeit mit ihrem Geiste bezeugt, daß sie Gottes Kinder sind« (Röm. 8,16)?

Dem steht nicht entgegen, daß wir uns immer mehr nach dem klaren Zeugnis Seines Wohlgefallens ausstrecken und mit Gott wandeln, damit wir Sein Ziel nicht versäumen! Gewiß wird dann das Zeugnis des Geistes immer klarer tönen, wie auch die endzeitlichen Ereignisse allen, die auf ihren Herrn warten, immer größere Freude auf Sein Kommen verleihen. *Doch steht uns Gottes Wohlgefallen nur in Christo und aus alleiniger Gnade zu.* In IHM sind wir dem Vater angenehm gemacht und wohlgefällig (Eph. 1,3-7).

Wer es hier schon erfuhr, daß er in der Wiedergeburt »passend gemacht wurde zur Teilnahme am Erbteil der Heiligen in dem Licht« — wer »errettet wurde aus der Vollmacht der Finsternis« und dies dankbar bekennen und bezeugen kann, und wer im Geiste »versetzt wurde in das Königreich des Sohnes Seiner Liebe« — der wird bald buchstäblich bei der Entrückung der Gemeinde erfahren dürfen:

1. Völlige und endliche Errettung aus jeder finsteren Machtbefugnis;
2. Umwandlung seines Todesleibes in Jesu Leibesherrlichkeit, um am Erbe der Heiligen im unzugänglichen Lichte Gottes teilnehmen zu können; und
3. das königliche Priestertum im Königreiche des Sohnes Gottes.

Die Entrückung als der »Raub aus dem Hause des Starken« (Kol. 1,12; Luk. 11,21-22) und als die Möglichkeit, ohne Sterben in die Herrlichkeit einzugehen, ist kein Willkürakt Gottes gegenüber den Rechtsforderungen der finsteren Mächte, sondern hat als klare rechtliche Grundlage das Kreuz Jesu. Dort sind wir losgekauft und vollerrettet, losgelöst und vollendet in Ihm — nicht in uns! Diese objektive Seite unseres Heils gilt es festzuhalten!

Doch geschieht auch die Entrückung der Gemeinde nicht losgelöst vom Geschick Israels; dieses sehen wir in NOAH, dem »Herold der Gerechtigkeit« verkörpert, der durch die brandenden Wasser der weltüberflutenden großen TEHOM hindurchgerettet wird, um Gott im neuen Äon als »heiliger Überrest« zur Verfügung zu stehen. Die vorzeitige Entrückung der Gemeinde »dem Herrn zur Begegnung in der Luft« wird folgende Bedeutungen haben:

1. Sie ermöglicht die Liebesdiakonie der Gemeinde an Israel, die den Bräutigam abholt, um Ihn Seiner Braut, Israel, in der »Hochzeit des Lammes« zuzuführen (Matth. 25,1-12).
2. Die Entrückung demonstriert den Sieg Jesu über die Satans- und Todesmächte und über ihre Rechtsbefugnisse; sie ist eine Schaustellung Seines Triumphes (1.Kor. 15,51-56 — man beachte V. 54-56 im Zusammenhang mit dem Thema der Entrückung).
3. Die Entrückung ist die äußere Darstellung eines innerlichen, geistlichen Herausgenommenseins aus dem »gegenwärtigen bösen Äon« (Gal. 1,4), das Glaubende schon jetzt erfahren dürfen.
4. Die Entrückung schafft einen Zeitraum zu einer letzten Reinigung und Zubereitung der Gemeinde im Gericht und dient so ihrer Verwandlung in Herrlichkeit — weniger um unseretwillen, als um unseres kommenden königpriesterlichen Berufes willen; ER will angestaunt werden in Seinen Heiligen und bewundert in allen, die geglaubt haben (Eph. 5,27; 2.Thess. 1,10).
5. Die Entrückung besiegelt den Glauben, daß die Gnade Gottes Menschen bis zum Ziele führen kann. Jesu Wort lautet nach Judas 24: »Ich bin mächtig genug, dich zu bewahren vor jedem Fall und dich unsträflich darzustellen vor dem Angesichte meiner Herrlichkeit mit Jubel!«
6. Schließlich soll dem Herrn ein zugerüstetes Volk am Tage Seiner Macht zur Verfügung stehen, da Er ja durch uns — zur Verherrlichung Gottes — alle göttlichen Verheißungen durchführen will (2.Kor. 1,20).
7. Ganz gewiß dient die Entrückung auch der Errettung aus letzten Gerichten und Zornesmaßnahmen, doch wird dieser Punkt oft zu sehr in den Vordergrund gestellt. Es geht um Jesus, nicht um uns! Wer sind wir, daß wir ein anderes Geschick als Israel beanspruchen dürften!

Drei spezielle Formulierungen bringen in 1.Thess. 4,13-18 die innere Verbindung der Entrückungsgemeinde mit dem durch die Fluten treibenden NOAH-ISRAEL zum Ausdruck: Bei der Entrückung erschallt

1. der endzeitliche Gottes-Schophar (die »letzte Posaune«),
2. der laute Kommandoruf JHWH's an Seine himmlischen Heere,
3. die Stimme Michaels zu deren Mobilmachung.

# VI. Vorstoß ins Transzendente: Babel

In GN 10,6-12 wird uns die Gründung des sumerischen Babel durch NIMROD berichtet. Nimrod, der Empörer und Widerspenstige, ist so recht ein Abbild jener aufrührerischen Mächte von Ps. 2, die sich gegen Gott und Seinen Messias erhoben.

Außer dieser Gründungsurkunde erscheint Babel dreimal in der Welt- und Heilsgeschichte: Im Bericht über den Welteinigungsversuch durch den großen Turm (GN 11), sodann als Metropole im Reiche Nebukadnezars und schließlich als Zentralstadt der Endzeit. Immer aber ist es das widergöttliche Zentrum, das Bollwerk der Feinde des Gottesvolkes, Symbol der VERWIRRUNG (Babel) und zugleich PFORTE DER GÖTTER (so der keilschriftliche Name Babil).

Das endzeitliche Babylon wird Sammelstätte der weltumfassenden Dämonie sein, Metropole der Gottfeindlichkeit und unreiner Geister (Offb. 17,5; 18,2). Die heutigen Architektenplanungen weisen mit Namen und Projekten wie »Megalopolis« oder »Metropolis« schon auf eine baldige Verwirklichung hin.

Wenn wir den Namen der Stadt als »PFORTE DER GÖTTER« deuten, so denken wir unwillkürlich an den Einbruch jenseitiger Mächte, der nach GN 6 vor der Flut begann, im Turm von Babel wiederaufgenommen werden sollte und sich endzeitlich, gemäß Offb. 12, vollenden wird.

Der Gedanke des »Durchbruchs« aus anderen Dimensionen in unseren raumzeitlichen Kosmos eröffnet uns das Verständnis für die Erscheinungen von Lichts- und Finsternismächten gleichermaßen. Selbst Gottes Sohn durchschritt bei Seiner Erniedrigung die *»urzeitlichen Tore«* oder »Pforten«, um Mensch zu werden. Dürfen wir in Joh. 16,28 den »Durchbruchsmodus« für das Kommen Christi in den Kosmos sehen? »Ich bin aus dem Vater hervorgegangen und bin in den Kosmos gekommen; wiederum verlasse ich den Kosmos und gehe hin zum Vater.«

Ob wir nicht auch Psalm 24,7-8 im Hinblick auf Sein »Kommen in den Kosmos« verstehen dürfen:

»Erhebet, ihr Tore, eure Häupter, und erhebet euch, Pforten der Urzeit, damit der König der Herrlichkeit einziehe! Wer ist dieser

König der Herrlichkeit? JHWH, stark und machtvoll! JHWH, mächtig im Kampf!« (s. V. 9-10).
Ob jene »Pforten«, die ihre »Häupter« erheben sollen, jenseitige Mächte sind, die für die Trennung zwischen sichtbarer und unsichtbarer Welt zu sorgen haben? Dan. 10,13 und 20-21 könnte dies erhärten. Oder ist hier lediglich die kosmisch-physikalische Schranke zwischen beiden Welten und der »Durchbruchsmodus« angesprochen?
»Urzeitliche Pforten« werden sie aber wohl darum genannt, weil sie in der Urzeit von jenseitigen Mächten schon einmal durchschritten worden sind (GN 1,1-2 und GN 6).
Gegenüber allen hochragenden »Türmen« und Vorstößen »bis in den Himmel« — damals, wie heute in der Raumfahrt und in den endzeitlichen Selbsterhöhungen des Antichristen — müssen wir 1.Tim. 6,15-16 bezeugen:
»Ich möchte, daß du das Gebot unbefleckt, unsträflich bewahrst bis hin zur Erscheinung unseres Herrn Jesus Christus, welche zu Seiner Zeit (zum selbsterwählten Heilstermin) zeigen wird: der glückselige und alleinige Despot (1), der König der Könige (2), der Herr der Herren (3), der allein Unsterblichkeit besitzt (4), der ein unzugängliches Licht bewohnt (5), den keiner der Menschen gesehen hat noch sehen kann (6), welchem Ehre und Herrlichkeit sei und Macht in den kommenden Äonen (7)! AMEN.«
Zur Wohnstätte Gottes (die wir nicht mit Seinem kosmischen Thron verwechseln dürfen) gelangt kein erschaffenes Wesen (auch kein Engelfürst). Allein der Sohn, der »unschuldiger Hände und reinen Herzens ist« (Ps. 24, 3-4), besitzt dieses heilige Vorrecht (Joh. 3,31-32). Man beachte vor allem das Selbstzeugnis Jesu in Joh. 3,13: »Niemand ist hinaufgestiegen in den Himmel als allein der, der aus dem Himmel herabgestiegen ist, der Sohn des Menschen, der im Himmel Seine dauernde Existenz hat.«

## Der Turmbau zu Babel

Nach diesen einleitenden Bemerkungen wollen wir den Bericht über den Turmbau zu BABEL (GN 11) betrachten. Der TURM (migdol) ist eine jener großen ZIKKURRATS (Tempeltürme) des

Zweistromlandes, die wahrscheinlich — über ozeanumspannende Verbindungen — die Vorlage für die Tempel- und Stufentürme Südamerikas bildeten. Der Geschichtsschreiber Herodot hat den hier erwähnten Turm 150 Jahre nach seiner Rekonstruktion durch Nebukadnezar gesehen und beschreibt ihn als ein Gebilde mit 7 Stufen und 90 Metern Höhe; der Archäologe Koldewey, der den Reststumpf des Turmes ausgrub, entdeckte, daß er eine Grundfläche von 90 × 90 m hatte (also gleichsam eine Stufenpyramide im Kubus war — vgl. Offb. 21,16). (Nach »Heilsgeschichte in Zahlen«, Band III, von Willy J. Pasedag.)

Eigenartig sind auch die Namen jener »Götterberge« und das, was ihre Erbauer von ihnen bezeugten und erhofften. »Sie trugen Namen wie ›Haus des Berges des Weltalls‹ oder *›Haus der Verbindung von Himmel und Erde‹*, ›Haus der sieben Lenker von Himmel und Erde‹ oder ›Haus des Fundaments von Himmel und Erde‹. Auf der Spitze war die Wohnung des Gottes, wenn er vom Himmel herabkam, und über eine ungeheure Treppe, die vom Fundament bis zur Spitze geradlinig hinaufführte, begegneten die Götter den Menschen.« Wie sehr die Tempeltürme ihren Erbauern Zeichen für ihre Macht auch über den Himmel waren, zeigt eine Inschrift des sumerischen Fürsten Gudea (2200 v. Chr.): »Meinen Tempel hat ENIMU bis zum Himmel erbaut. Von meinem Tempel blickt der König mit weittragendem Auge. Mein Tempel strahlt *wie der Sturmvogel der Götter (!)*. Vor meinem Tempel wird der Himmel erbeben. Sein schrecklicher Glanz wird an den Himmel reichen.«

Jörg Zink (aus dessen Buch »Bibel heute« auch obige Zitate stammen) sagt mit Recht über die Turmbauten: »Nicht die Nähe der Götter ist mit diesen Türmen bewiesen, sondern gerade ihre Ferne, *aus der man sie herholen muß!«* (S. 18).

Nun der Text von GN 11 nach den besten Übertragungen:

1. **Und die ganze Erde war e i n s in der Sprache und hatte einerlei Worte.**
2. **Und es geschah, als sie von Osten her** (oder: von ihren Ursitzen, aus der Urzeit — miquedem) **aufbrachen** (ihre Zeltpflöcke ausrissen)**, da fanden sie eine Tiefebene im Lande SINEAR und wohnten dort.**

3. **Und sie sprachen, einer zum anderen: A u f ! Laßt uns Ziegel formen und zu Brandstein brennen! Und der Ziegel diente ihnen als Baustein, und das Erdpech** (Asphalt) **diente ihnen als Mörtel.**
4. **Und sie sprachen: A u f ! Bauen wir uns doch eine STADT und einen TURM** (migdol = Zikkurrat), **dessen HAUPT** (rosh = der Tempel in der Turmspitze) **bis in den Himmel reichen soll; und wir wollen uns einen NAMEN herstellen** (machen, schaffen, zubereiten), **damit wir nicht zerstreut werden über die Fläche der ganzen Erde.**
5. **Und JHWH fuhr herab, die Stadt und den TURM anzusehen, welche die Söhne ADAMS bauten.**
6. **Und JHWH sprach: Siehe, sie sind e i n Volk und haben alle e i n e Sprache, und dies haben sie a n g e f a n g e n zu tun** (Menge: Dies ist erst der Anfang ihres Unternehmens!), **und in Zukunft wird ihnen nichts verwehrt werden, was sie zu tun auch ersinnen** (planen; Tur Sinai: hinfort wird ihnen nichts zu kühn sein . . . oder: hinfort wird ihnen nichts mehr unausführbar sein).
7. **A u f ! Laßt uns herabsteigen** (herniederfahren) **und ihre Sprache daselbst verwirren, damit sie einer des anderen Sprache nicht mehr verstehen!**
8. **Und JHWH zerstreute sie von dort aus über die Fläche der ganzen Erde, so daß sie den Bau der Stadt aufgeben mußten** (so daß sie davon ablassen mußten, die Stadt auszubauen).
9. **Darum gab man ihr den Namen BABEL (Verwirrung), denn dort verwirrte JHWH die Sprache der ganzen Erde, und von dort zerstreute sie JHWH über die Fläche der ganzen Erde.**

Man beachte das dreimalige »A u f !« oder »W o h l a n !« — treibende Geißel zu Fortschritt und technischer Vervollkommnung, Energien zum Bösen auslösend, aber auch Aktivitätswort Gottes und Seiner Gegenmaßnahmen.

### Der Zweck des Turmes: Zugang zum Himmel — Kontakt mit außerirdischen Mächten

Der Turmbau stand unter dem Zeichen des Höhenwahns, des Griffs nach den Sternen, des himmelstürmenden »Empor«. Er sollte nicht nur ruhmbringendes Bauwerk wie unsere Dome, Fernsehtürme und Wolkenkratzer sein, sondern — nach dem Glauben der

Alten — wirklich ein Zugang zum Himmel. Sein »Haupt« — ein dem MARDUK (Mars) geweihter Tempel auf der letzten Stufe der Zikkurrat — sollte »bis in den Himmel« ragen. Waren die Alten tatsächlich so naiv, den Himmel 90-120 Meter über der Erde zu suchen? Keineswegs! Der Zusammenhang des Textes deutet den Turmbau als einen Versuch — im Gedenken an das Kommen außerirdischer Mächte in der Vergangenheit — einen magischen Vorstoß ins Transzendente zu wagen, um auf diese Weise einen erneuten Kontakt mit ihnen herzustellen, bzw. sie zu einer »Wiederkunft« zu provozieren. Die durch das Gericht der großen Flut unterbrochene »Luftbrücke« sollte wiederhergestellt werden. (Daß nicht die Mächte, wie erwartet, kommen, sondern »JHWH herabfährt«, ist göttliche Gerichtsironie.) Folgendes läßt uns diesen Zusammenhang erahnen:

1. Nach antiken Quellen hatte allnächtlich eine auserwählte Jungfrau die Nacht im Marduktempel auf dem Stufenturm zuzubringen, damit die Götter, bzw. Gott MARDUK, zu ihr eingehen könnten. Alle kultische Hurerei im Orient des Altertums (wie wir sie etwa in 4.Mos. 25,1-9 und 31,16 beschrieben finden) spielt sich auf dem Hintergrund von GN 6 ab, stellt also ein Erinnern der Menschheit an jene grauenerregende Möglichkeit, den Wunsch nach einer Neuauflage des Durchbruchs der Götter dar. — Wenn in unseren Tagen unter dem Titel »Rosemary's baby« ein Buch und ein Film erscheinen konnten, die von der Zeugung eines Kindes im Satanskult berichten, so mag dies — wie viele »Science-fiction-Literatur« — auf zukünftige Ereignisse unter dem letzten Weltherrscher einstimmen; daß eine Jüdin das Buch verfaßte, stimmt nachdenklich.
   Die Götter (Elohim) und die Grundstrukturen ihrer Pläne sind über Jahrtausende hinweg gleich geblieben, sie haben lediglich ihre Methoden abgewandelt und dem jeweils herrschenden Zeitgeist angepaßt.
2. Die Erbauer des Turmes wollten sich mit ihm *»einen SCHÄM zubereiten«, »einen NAMEN herstellen«*. Dies wird gewöhnlich als Ruhmsucht gedeutet; doch meint der hebräische »terminus technicus« die magische Kontaktaufnahme vermittelst des Namens, den Beschwörungsmodus der Zauberei. Wenn man den

Namen des Gottes oder Dämons weiß — so die Alten —, kann man ihn beschwören, herbeirufen, bannen und in seine Zwecke und Absichten einspannen. Wer den SCHÄM (Namen) besitzt, kann magisch mit ihm arbeiten. Prof. E. F. Ströter schrieb u. a. über das »Geheimnis der Namengebung«: »Wir Menschenkinder haben die Kunst, Namen zu geben, längst verlernt. Unser erster Vater Adam hat sie besessen (1.Mos. 2,19). So sollte sich der berufene Herr der Schöpfung in diesem Akte zugleich seiner Würde und Machtvollkommenheit bewußt werden und sich als den König aller Kreatur legitimieren. *Denn das Geheimnis des Namengebens ist das Geheimnis der vollsten Beherrschung des Genannten«* (nach »Die Namen der Bibel«, Paulus-Verlag). In diesem Sinne ist auch die drängende Frage der Söhne Israels in 2.Mos. 3,13 zu verstehen.
*»Sich einen SCHÄM bereiten«* heißt also hier: einen Durchbruchsversuch ins Transzendente wagen — »bis in den Himmel«, um jenseitige Hilfe zur Aufrechterhaltung der Welteinheit zu beschwören. Offensichtlich gelang dieser Versuch zunächst, wenn dann auch seine Ausreife von Gott selbst verhindert wurde, weil die Vollendung Babylons sich erst zur Zeit des Endes ereignen soll (s. GN 6,4).

Die Verbindung zwischen Physik (Baukunst) und Metaphysik (Beschwörung) wird sich endzeitlich wiederholen, wenn man wissenschaftlich in Bereichen arbeiten wird, von denen nur noch die Außenseite mathematisch erfaßt werden kann, über deren Wesen jedoch keine Aussagen mehr gemacht werden können. Transzendenz und Immanenz, Physik und Metaphysik, Sinnliches und Übersinnliches werden sich in Zukunft immer mehr durchdringen — bis zu jenem Tage, da der Antichrist »Feuer vom Himmel fallen läßt« und ein »Tierbild erstellt« (oder über die Ätherwellen sendet), das nicht nur »reden«, sondern alle »töten« wird, die das Tier nicht anbeten werden (Offb. 13,11-16). Was wir oft für apokalyptische Bildersprache und surrealistische Schreckensvision halten, wird vielleicht bald »im Rahmen der Wissenschaft erklärbar« sein. Der Mensch der Sünde wird sowohl für plausible Zusammenhänge und Begründungen wie für die erforderliche Wissenschaftlichkeit sorgen!

Prof. Dr. Carl-Friedrich von Weizsäcker schrieb in Heft 8, 1967 von »Universitas« folgendes (Hervorhebungen vom Verfasser):
»Das Weltbild des Atomwissenschaftlers unserer Zeit.
Hinter den Werken der Technik steht *so etwas wie ein Glaube.* Dieser Glaube ist weitgehend formuliert in der Wissenschaft. In einem erweiterten, säkularisierten Sinne des Wortes möchte ich sagen, daß zwar nicht die Wissenschaft selbst, *aber die Rolle, die die Wissenschaft in den Geistern der Menschen ringsum heute spielt, nur verglichen werden kann mit der Rolle, die einst die Religion gespielt hat* und die an manchen Stellen die Religion auch heute noch spielt. In diesem übertragenen Sinne des Wortes Religion könnte man sagen, *die Wissenschaft sei die einzige universale Religion unserer Zeit* — und soweit sie es noch nicht ist, wird sie es vermutlich immer mehr werden.«
Der Mensch der Sünde, der Sohn des Verderbens, muß und soll ins Zentrum rücken; auch darin, daß Wissenschaft und Technik immer mehr zur Religion unserer Zeit werden; auch darin, daß alle Erdenbewohner mehr und mehr die Wissenschaft wie eine Religion und die Wissenschaftler wie deren Hohepriester verehren; auch darin, daß die heutige Theologie diese Entwicklung unterstützt, indem sie Gott eliminiert (ausscheidet) und — vom Menschen aus denkend — *den Menschen in die Mitte stellt.* Nun entscheidet der Verstand des Menschen darüber, was geglaubt werden darf. Die Parole der Endzeit lautet: *Der Mensch ist das Maß aller Dinge.* Die Zeit einer vorurteilsfreien Wissenschaft ist vorbei, sie wird mehr und mehr ideologisch. Geheimes Ziel dieser Entwicklung ist der Mensch der Sünde, der sich selbst ins Zentrum stellt und zu Gott macht. Er wird alle Weltprobleme in der Energie Satans, mit gewaltigen Zeichen und Wundern — in inniger Verbindung mit Technik und Wissenschaft — meistern.
Dies ist vorgebildet im *»Turm, bis in den Himmel ragend durch sein Haupt«.* Er soll die Welteinheit erhalten, so wie sie in der Endzeit ermöglicht werden soll.
Das Tempel-HAUPT — über 7 Baustufen aufgetürmt — ist hier räumlich-kosmisch geschaut; in der Prophetie von Daniel 2 »kippt« der Turm in die Horizontale der Zeit: Vom HAUPTE (Nebukad-

nezar) reicht das historische Schema über die 7 Stufen: Haupt — Brust — Arme — Bauch — Lenden — Schenkel — Füße bis in die letzten Tage dieses Äons. *Immer geht es um ein Haupt und einen Leib, um einen krönenden Schlußstein und den zugehörigen Tempelbau. Wie es einen Leib des Christus gibt, einen Tempelbau der Gemeinde* (und Er das Haupt und der krönende Schlußstein), *so wächst unter dem herrschenden Geheimnis der Gesetzlosigkeit ein Leib des Antichristen;* vom Haupte (dem Babylon Nebukadnezars her) wird er durch die Zeiten hindurch gebaut, um dann dem letzten Weltherrscher zur Verfügung zu stehen. Dieser »Leib des Tieres« aber wird bei Jesu Wiederkunft »zerstört« (Dan. 7,11). Hinter den praktischen Zwecken der erstrebten Welteinheit — eine Sprache, ein Denken, ein Volk, ein Reich, ein Führer, ein Glaube, ein Gott (2.Kor. 4,4), ein Menschenbild, eine Ideologie — steht Titanengesinnung und Höhenwahn, der Griff nach den Sternen.

Denken wir hier nicht an das Urbild aller solcher Versuche? Jes. 14 und Hes. 28 berichten von ihm, der »zum Himmel hinaufsteigen« wollte, *»hoch über die Sterne Gottes* (ELs) *seinen Thron erheben«* und sich »niedersetzen« wollte »auf dem Versammlungsberg im äußersten (kosmischen) Norden«, der »hinauffahren wollte auf Wolkenhöhen«, »sich gleich machen wollte dem Höchsten« (Jes. 14,13-14). In den Himmeln aber steht der »Thron der Herrlichkeit, die Höhe von Urbeginn, der Ort unseres Heiligtums, die Hoffnung (Erwartung) Israels: JHWH!« (Jer. 17,12). Sollte mit Ihm »vereint sein der Thron des Verderbens, der den Frevel zur Satzung macht« (Ps. 94,20)?

Wie das Gewand dieses einstmaligen Engelfürsten — die Herrlichkeit seiner Geistleiblichkeit — durch 10 Edelsteine beschrieben wird (Hes. 28,13), so werden auch 10 Herrlichkeitsnamen aus der Zeit vor seinem Fall genannt:

1. Glanzstern,
2. Sohn der Morgenröte,
3. Besieger der Völker,
4. weiser als Daniel, voller Weisheit,
5. Bild der Vollendung, vollendet schönes Urbild,
6. vollkommen an Schönheit,

7. wandelnd inmitten feuriger Steine (= Engel) auf dem Berge ELOHIMs,
8. der schirmende, gesalbte Cherub »par excellence«,
9. der sich aufhielt in EDEN, dem (himmlischen) Garten Gottes,
10. unsträflich in all seinem Tun vom Tage seiner Erschaffung an.

Sechs Aussagen schildern die Ursache seines Falles:

1. Unrecht war in ihm gefunden;
2. Durch die Größe seines Handels wurde sein Inneres mit Gewalttat erfüllt;
3. Er sündigte (verfehlte das Gottesziel);
4. Sein Herz erhob sich wegen seiner Schönheit;
5. Er machte seine Weisheit zunichte mitsamt seinem Glanze;
6. Er entweihte durch die Menge seiner Missetaten seine Heiligtümer.

Seltsame Aussagen über den Gegenmessias aus dem Propheten Daniel weisen auf eine machtvolle Beherrschung des Kosmos und technische Daten der Raumfahrt hin — ins Satanische erweitert. Sie schildern den *»Griff nach den Sternen«*.
Der Traumbaum Nebukadnezars »wurde groß und stark, und seine Höhe reichte *bis in die Himmel«*; er wurde zum Nistplatz der »Vögel des Himmels«, der Dämonen (4,11; Matth. 13,4. 19).
Das kleine Horn »führt Krieg *gegen die Heiligen der höchsten Örter* und besiegt sie (!)«, die erst zum Gerichtstage Gottes »das Reich und die Gerichtsvollmacht empfangen« (7,18-22).
Der falsche Messias »wird Worte reden gegen den Höchsten und *die Heiligen der höchsten Örter* vernichten« (7,25).
Das kleine Horn des Ziegenbockes »wird (allmählich) groß *bis hin zum Heere des Himmels*, es wirft von dem Heere und von den Sternen zur Erde nieder und zertritt sie. Selbst *bis hin zum Fürsten des Heeres* (= JHWH-Zebaoth) tut es groß« (8,10-11).
»Seine Streitkräfte werden das Heiligtum und *die Feste* (= die Materieausdehnung des Universums — GN 1,6-8!) entweihen« (11,31); »er wird sich *erhöhen* und groß machen über *jeden* ELOHIM (Gott), wird gegen den Gott der Götter Erstaunliches (!) reden, *und er wird Gelingen haben* bis zur Vollendung des Zornes« (11,36).

## Heutige Raumfahrt vollendet, was im Turmbau begann

Eine Allbeherrschung des falschen Christus, ja sogar sein Sieg in kosmischen Weiten werden sicherlich in der heutigen Raumfahrt angebahnt. *»Er wird Gelingen haben ...* bis zur Zornesvollendung« — aber bis dorthin jedenfalls!
GN 11,6 bezeugt im prophetischen Vorausblick: *»Dies haben sie angefangen zu tun, und in Zukunft wird ihnen nichts verwehrt werden, was sie zu tun auch ersinnen.«*
Die urzeitlichen Anfänge stoppte Gott, da die Zeit noch nicht erfüllt war; die nicht verwehrte Vollendung, das kühne Gelingen aber ereignet sich in der Zukunft, in der letzten Zeit. Was zunächst unterbrochen war, wird dann wiederaufgenommen und zur Perfektion geführt. Viele Glaubende meinen auch heute noch: »Gott läßt die Bäume nicht in den Himmel wachsen« oder sehen gar in der Bewegung der Jesus-people einen vernichtenden Gottesschlag gegen die Hybris der modernen Theologie; sie werden sich wundern, wenn »der Baum« tatsächlich »bis in den Himmel« wachsen wird, um allen Dämonen Brutstätte zu bieten!

Dann wird man fragen: Wo ist euer Gott? und mit Ps. 77,7-9 sprechen:
»Wird der Herr auf ewig verwerfen? (1)
Wird Er hinfort keine Gunst mehr erweisen? (2)
Ist zu Ende Seine Güte für immer? (3)
Hat das Verheißungswort aufgehört von Generation zu Generation? (4)
Hat Gott vergessen, gnädig zu sein? (5)
Hat Er im Zorn verschlossen Seine Erbarmungen? (6)«

Immer sind die »A n f ä n g e« hochbedeutsam! Ob es NIMROD ist, der »anfängt«, ein Gewaltiger zu sein, und so den »Anfang seines Reiches« begründet (GN 10,8), ob es die hier geschilderten Anfänge babylonischen Wirkens sind oder der Anfang magischer Beschwörungsriten mit dem JHWH-Namen (GN 4,16; 2.Mos. 6,3) oder die Anfänge der schmerzlichen Geburtswehen der endzeitlichen Welt, die zur Wiedergeburt Israels und aller Völker führen sollen (Matth. 24,8; Mk. 13,8; Apg. 2,24; Matth. 19,28): *Alle Anfänge weisen prophetisch auf die geschichtliche Fortführung und die endgeschichtliche Vollendung hin.*

Nicht erst wenn sich geschichtliche Ereignisse der Endzeit vollziehen und uns gleichsam unvorbereitet überfallen, sollen wir unsere Häupter erheben, »weil unsere Erlösung naht«, sondern schon, wenn sie beginnen zu geschehen (Geschichte zu werden). Und in der Zeit beginnender Endgeschichte leben wir wahrlich! Das Wort Jesu aus Luk. 21,28 bezieht sich auf den saftig werdenden Feigenbaum Juda, auf die geschichtlichen Anfänge und Anbahnungen der nationalen Wiederherstellung Israels, auf die Wiedervereinigung Jerusalems, auf Zeichen an Sonne, Mond und Sternen und die Erschütterung kosmischer Kräfte (24-30). Bald werden wir »von selbst erkennen, *indem wir es sehen*« (V. 30), — Geschichte werden sehen (V. 31).

Wie werden doch oft die Glaubenden geschmäht, die sich an den endzeitlichen Anfängen orientieren und so des Herrn baldiges Kommen erwarten! Aber nur so werden uns die Augen im voraus geschärft, damit wir dann die Ereignisse überhaupt wahrnehmen können, wenn sie geschehen. Wie wenige wurden doch beispielsweise durch den Siebentagekrieg Israels im Jahre 1967 aufgerüttelt! Ebensowenig wird die Masse der Frommen die Verfinsterung der Sonne und die Verfärbung des Mondes beachten; auch dann wird irgendeine wissenschaftliche Erklärung (die durchaus nicht falsch zu sein braucht, da sich Gott Seiner Naturgesetze bedient) die Augen derer blenden, die nicht das »Öl in den Lampen« haben — das Öl des Geistes der Weissagung in den Lampen des prophetischen Wortes (2.Petr. 1,19-21). Wer die Anfänge heilsgeschichtlicher Entwicklungen nicht erkennt, wird den Zug verpassen, wenn sich die Dinge endgültig verwirklichen.

Ist es eigentlich ein Zug des Pharisäertums, wenn nach Matth. 25 die »klugen Jungfrauen« den »törichten« nichts von ihrem Öl abgeben wollen, sondern ihnen lediglich raten, bei den »Krämern« — den »Verkäufern der Frömmigkeit« — Öl einzukaufen? Dieser Rat war mir immer unverständlich, bis mir eines Tages klar wurde: Was ein Mensch in Jahren und Jahrzehnten unter der Führung des Heiligen Geistes und in andauernder Beschäftigung mit dem Lebenswort geworden ist, das kann er auch beim besten

Willen in der Stunde der Entscheidung nicht einfach auf andere Menschen übertragen, selbst wenn sie ihm sehr nahestehen! *Das Werden auf dem Wege der Sohnschaft* ist darum so wichtig, auch das Erkennen der Anfänge heilsgeschichtlicher Entwicklungen und das damit verbundene Erheben der Häupter. Allein durch den Geist der Weissagung (oder Prophetie) kann prophetisches Wort überhaupt verstanden und recht gedeutet werden. –

Im Zusammenhang mit GN 11 sei nun auch noch kurz auf die heutige Raumfahrt eingegangen, da sie wohl ein hervorragendes Zeichen moderner technischer Anbahnung antichristlicher Verhältnisse ist.

Wir denken hier vor allem an das (bereits auslaufende) Apollo-Programm der USA, an die geplanten Marsflüge, sowie an die zukünftigen west-östlichen Raumstationen. Wie viele Fromme ließen sich täuschen und erblickten »Gottes Segen« in gelungenen Mondunternehmungen. »Vom Himmel hoch, da komm ich her« erhielt einen widerwärtigen Sinn, als zu Weihnachten 1968 ein Astronaut den Schöpfungsbericht verlas und zur Erde funkte. Sind uns die »frommen« Amerikaner im Kosmos nicht wirklich angenehmer als »atheistische« Sowjets? Wie hoch schlugen die frommen Herzen, als im Juli 1969 Apollo 11 zum ersten Male drei Menschen auf dem Mond landete, und als nach deren Rückkehr und der Ansprache Nixons ein Gebet gesprochen wurde! Lassen wir uns doch nicht durch eine Macht täuschen, die der für Hiroshima bestimmten Atombombe den Namen »trinity« (Dreieinigkeit) gab! Der erste apokalyptische Reiter, der nach dem Brechen der Gerichtssiegel Gottes ausziehen wird, »um zu siegen und damit er siege«, wird ein weißes Pferd reiten – die Vortäuschung des wahren Messias (s. Offb. 19,11). So weist auch der Name »trinity« eher auf die satanische Dreieinigkeit hin – den Drachen, den Sohn des Verderbens und den Geist der Gesetzlosigkeit, wirksam im falschen Propheten.

Interessant sind auch die Namen der amerikanischen Raketen und Weltraum-Programme: Da gibt es eine SATURN-Rakete, eine ATLAS-CENTAUR-Rakete (der Riese Atlas, der das Weltall trägt), eine JUPITER-Rakete und die MERCURY-Kapsel (Jupiter = Zeus / Merkur = der Götterbote); auch ein germanischer ELOHIM stellt sich uns in der THOR-ABLE-Rakete vor, und am bekanntesten ist das von mächtigen Saturnraketen getriebene APOLLO-Unternehmen zur Erforschung des Mondes, des »Herrschers der Nacht«.

»Was die Nationen (ihren Göttern) opfern, das opfern sie (in Wirklichkeit) den Dämonen«, sagt Paulus über die griechischen Götter (1.Kor. 10,20). APOLLO ist der Göttersohn des ZEUS, Zwillingsbruder der ARTEMIS (= die Diana der Epheser) und wird dargestellt als der Gott der schönen Künste auf dem Gefährt des lichtgeschwinden Sonnenwagens (!). Doch ist APOLLO auch der Gott der Zerstörung; Offb. 9,1-12 nennt ihn uns unter dem hebräischen Namen ABBADON (= Verderben, Vernichtung, Untergang, Zerstörer) und unter dem griechischen Namen APOLLYON (= Apollo – in der gleichen Bedeutung). Er wird uns dort als »König der Heuschrecken« vorgestellt, in denen Bernhard Philberth atomare Raketen und ihre Trägerflugzeuge geschildert sieht (»Christliche Prophetie und Nuklearenergie«, S. 75-82, R. Brockhaus-Verlag).

Im angegebenen Text sieht Johannes bei der 5. Posaune einen Stern (Meteor oder Rakete, aufglühend und leuchtend in der Lufthülle) vom Himmel zur Erde stürzen und den Schacht des »Abgrunds« durchschlagen. Dem nun geöffneten Schacht entsteigt Explosionsrauch, der dem Rauch eines Hochofens verglichen wird, der Sonne und Lufthimmel verfinstert. Dem Explosionsrauch aber entsteigen die »Heuschrecken«, die aus skorpionengleichen Stacheln fünf Monate Qual über die Menschen bringen. Während bei den ersten vier Posaunen wohl mehr an atomare Ereignisse und ihre radioaktiven Auswirkungen zu denken ist, könnte man in diesem Bild mit Philberth an Raketenschächte, feindliche Eröffnungsraketen und den automatisch ausgelösten Raketengegenschlag denken, Raketen, die vielleicht »nur« mit biologischen oder chemischen Stoffen geladen sind. Die Raketenschächte beider Seiten öffnen sich bei einem feindlichen Angriff vollautomatisch und entsenden ohne Menschenhilfe ihre todbringenden Waffensysteme.

Wie schnell könnten die Raketen des APOLLO-Programms für solche Zwecke umgerüstet werden!

Wie sich auch in die Weltraumfahrt, und überhaupt in die heutige Technik, okkulte Praktiken einschleichen können, sei an einigen Symptomen dargelegt:

1. Vor dem Start von Apollo 11 befragte Wernher von Braun das Orakel von Delphi über das Gelingen der beabsichtigten Mondlandung. Er hatte das Orakel und den nahegelegenen Tempel des APOLL während einer Urlaubsreise nach Griechenland besucht (nach Lüdenscheider Nachrichten vom 26. 6. 69). Das Orakel habe wie üblich nur eine »vieldeutige Antwort gegeben«. Nur ein Schuß Ironie? Ein makabrer Scherz?
2. Nach Wim Malgo (»Und Israel wird Sieg haben«) haben die sowjetischen Raumforschungszentren Experten nach Tibet geschickt, um das Seelentraining buddhistischer Lamas zu studieren, und Jogis als Trainer für Herz-, Atem- und Muskelkontrolle in ihre Astronautenlager eingeladen.
3. Prof. Bender (Lehrstuhl für Erforschung parapsychologischer, okkulter Phänomene) sprach bei einem Besuch in der Sowjetunion mit sowjetischen Parapsychologen, die zur Erforschung solcher Phänomene mit Medien aus der ganzen UdSSR arbeiten; auf die Frage nach dem Sinn ihrer Arbeit antworteten sie, es sei vielleicht einmal möglich, über medial begabte Menschen einen unmittelbareren Zugang zu kosmischen Elementarkräften zu erlangen und diese Kräfte leichter nutzbar zu machen, als dies heute noch mit kostspieligen technischen Mitteln geschieht.
4. Die USA arbeiten mit Telepathen, die an ein Medium in Atomunterseebooten auf Tauchfahrt Gedankenbefehle übertragen, da der direkte Funkkontakt dann abgebrochen ist. Die Versuche sind erfolgreicher verlaufen, als man erwartete.
5. Das lebende Gehirn (eines Verstorbenen) in einer Nährlösung, verbunden mit einer Herz-Lungenmaschine und einem leistungsstarken Computer-Körper, ist heute schon eine zukunftweisende Planung. —

Immer wieder wird auf die Nützlichkeit der Weltraumfahrt verwiesen, wenn die Frage erhoben wird, ob die hohen Kosten (bis zu Apollo 11 waren es allein schon 300 Milliarden DM) nicht besser zur Befriedung und Verwaltung der Erde genutzt werden könnten. Sicherlich war der industrielle und technische Nutzen samt dabei »abfallenden« Erfindungen auch beim Bau der großen sumerischen Zikkurrat-Tempeltürme nicht unbedeutend! Im übrigen brächten eine Bewältigung der Umweltverseuchung, eine Erforschung der Meere, eine Kultivierung von Wüsten und der Kampf gegen drohende Welthungersnöte weit größeren Nutzen und technische Erfahrungen mit sich! Aber man überläßt es gerne den Frommen, die Hungernden in aller Welt zu speisen!

Einige Zitate bolschewistischer Schriftsteller sollen — wegen ihres geradezu prophetischen Charakters — diesen Gedankengang ergänzen. — GUSTEW schreibt:

»Triumphiere, erschalle siegreich, o wiedergeborene Natur! *Lobe den Messias aus Eisen,* den Helden des neuen Tages. In seinen braunen Händen ist die unbeschränkte Freiheit, in seinen Muskeln aus Eisen ist der Menschheit Morgenrot!«

Noch deutlicher spricht der Bolschewist W. KIRRILOW:

»Hier ist er, *der Erlöser der Erde,* der Beherrscher titanischer Kräfte (s. 2.Thess. 2,9), im Geräusch der Drähte, dem Funken der Maschinen, dem Glanze elektrischer Sonnen. Man glaubte, er käme im Sonnenkleid, im Heiligenscheine göttlicher Mysterien, doch er kam im Rauch von Fabriken und Vorstädten. Jetzt schreitet er über Abgründen von Ozeanen, unbesiegbar, unaufhaltbar ... er bringt der Welt *eine neue Sonne ...«* (die H-Bombe). Und:

»Mit meiner Zunge werde ich von den Ikonen die Bilder der Märtyrer und Heiligen weglecken. Ich verspreche euch die STADT IONIEN, *wo die Gottheit der Lebenden wohnt ...* Keine Lava aus stählernem Erz kann die feurige Gärung ersticken: *Von der neuen Himmelfahrt* (= Raumfahrt!) werde ich auf der Erde Spuren hinterlassen. Gelobt sei Gott in den Höhen und den Menschen ein Wohlgefallen (s. 2.Kor. 4,4). *Jemand* ist erschienen mit einem neuen Glauben, ohne Kreuz und ohne Qualen. *Auf einer Stute reitet ein neuer Erlöser zur Welt* (s. Offb. 6,2). Unser Glaube ist in der Kraft, *unser Glaube ist Glaube an uns!«* —

Schon das alte BABYLON wollte sich *»einen NAMEN herstellen.«* Der ganz andere Weg ist der Weg des Sohnes Gottes. Schon durch die Erschaffung der Welt verließ Er Seine vorweltliche Herrlichkeit beim Vater. Als der »Gott Israels« erniedrigte Er sich auf die Ebene der Götter der Völker und nahm Gestalt der Knechte, der Engel, an. Er entäußerte sich selbst, »schüttete sich aus«, machte sich zu n i c h t s, als Gottes Geist Ihm erneut Leben verlieh in einem Weibe aus dem Samen Davids. Er wurde gehorsam bis hin zum Tode, ja bis zum Tode am Kreuz.

Auf diesem Erniedrigungsweg aus der Höhe in die Tiefe erwarb Er sich den NAMEN, der alle anderen Namen überragt. Dieser Ihm vom Vater verliehene NAME hat eine solche Allgewalt, daß allein das Ausrufen der in ihm liegenden Offenbarungsmacht einst alle Welten beugen, besiegen und beseligen wird. So erwarb Jesus die volle Macht in der tiefsten Ohnmacht Seiner Erniedrigung (kenosis). Er »stellte sich einen NAMEN her«. Der Name Jesu aber ist die Volloffenbarung des JHWH-Namens.

»Darum hat Gott Ihm den NAMEN geschenkt, der alle anderen Namen überragt, damit in diesem Namen Jesu sich huldigend beugen sollen aller Knie — derer im Himmel, derer auf Erden und derer in der Totenwelt — und aller Zungen freudig bekennen: ALLHERR ist JESUS, der MESSIAS! — zur Verherrlichung Gottes des Vaters« (Phil. 2).

Auf dem Hintergrund urzeitlicher und endzeitlicher »Raumfahrt« zum Throne Gottes entschlüsselt sich auch das rätselhafte Wort aus Röm. 10,6-10:

»Die Gerechtigkeit aus Glauben spricht so: Denke nicht in deinem Herzen: *Wer wird in den Himmel hinaufsteigen?* — um den Messias (Christus) herabzuholen — oder: Wer wird in den Abgrund (die Totenwelt) hinabsteigen — um den Messias aus Toten heraufzuholen —, sondern was sagt sie? ›Nahe ist dir das Wort, in deinem Munde und in deinem Herzen‹, nämlich das Wort des Glaubens, das wir verkündigen . . .«

# VII. Metropole Babylon

(Offb. 17 und 18)

In diesem Beitrag will ich mich — im Sinne einer »prophetischen Denkmöglichkeit« — auf eine Lösung festlegen; dies geschieht allerdings nach genauer Prüfung des biblischen Grundtextes und in Kenntnis der weltpolitischen Lage. Das bereitgestellte Material soll die Wahrscheinlichkeit der hier vertretenen Lösung erhärten.

Es ist eine alte Auslegungsfrage, ob das geheimnisvolle BABYLON der Endzeit überhaupt geographisch festgelegt werden kann. Schon mit dem Wort »METROPOLE« bekenne ich mich zu der Schau, daß Babylon eine bestimmte Stadt sei; doch mögen wir bedenken, daß jede bedeutende Weltstadt zugleich Ausdruck und Zusammenfassung eines ideologischen Systems ist! Denken wir doch an politische Zentren wie MOSKAU und WASHINGTON, an Kulturmetropolen wie WIEN und PARIS, an große religiöse Mittelpunkte wie ROM und JERUSALEM und an Handels- und Finanzzentren wie NEW YORK.
Stadt und System stehen also nicht in einem echten Gegensatz. Jedes weltanschauliche System manifestiert sich mit allen seinen untergründigen geistigen oder dämonischen Strömungen in einer Großstadt; antichristlicher »Geist« samt dem schon heute wirksamen »Geheimnis der Gesetzlosigkeit« werden sich in der Person des Antichristen verkörpern; so wird auch das endzeitliche BABYLON die glanzvolle großstädtische Darstellung des großkapitalistischen Hurensystems sein.

Diese Stadt wird daher nicht plötzlich »vom Himmel fallen«, sondern aus gegenwärtigen politischen Anbahnungen herauswachsen. Darauf weist uns Offb. 18,2 hin:

**»BABYLON, die mächtige, die Mutter** (d. h. das gebärende Zentrum) **der Huren und aller Ekelhaftigkeiten der Erde«** (K. 17,5) **»wurde zu einer Wohnstätte von Dämonen und zum Gefängnis jedes unreinen Geistes und ein Gewahrsam jedes unreinen und verhaßten Flügelträgers.«**

Wahrlich: eine Metropole, eine »Zentralstadt«! Und wenn K. 18,18 von Babylon als von der »großen Stadt«, der »starken Stadt« spricht, deren Vernichtung sich in einer Stunde vollziehen wird, so mag dies beweiskräftig genug sein. Wir sollten überhaupt Gottes Wort buchstäblicher verstehen, als wir dies gemeinhin tun!

Im Griechischen finden wir dort den Ausdruck: »polis (Stadt) hä megalä (die mächtige)«. »Megalä« aber bedeutet: hoch, gewaltig, großräumig, bedeutend, hervorragend, mächtig, — aber auch: maßlos, vermessen, prahlerisch, ins Riesenhafte aufgebläht (nach Benseler: Griechisch-deutsches Wörterbuch).

## Riesenstädte der Zukunft

Schon heute sprechen Experten angesichts der drohenden »Bevölkerungsexplosion« von der Notwendigkeit, landwirtschaftlich genutzte Flächen unter globalen Schutz gegen die überwuchernde Großstadtexpansion zu stellen. Man rechnet damit, daß bis 1990 75 Prozent aller Menschen in Großstädten wohnen werden. Während es noch vor 100 Jahren nur 5 Städte mit mehr als einer Million Einwohnern auf der ganzen Erde gab, zählt man heute in dieser Größenordnung schon 120. Schon heute leben 70 Prozent aller Einwohner der USA in Großstädten. »Gewaltig«, »aufgebläht«, »vermessen« wird auch das endzeitliche Babylon sein, *und seine gewaltigen Wohntürme und Verwaltungssilos werden an die Stufentürme des urzeitlichen BABYLON erinnern.*

Die Riesenstädte der nahen Zukunft werden den urzeitlichen Metropolen mit ihren Pyramiden, Stufentürmen und Tempelbauten erstaunlich ähneln — nur im Riesenmaßstab endzeitlicher Übersteigerung. Nicht etwa, daß man die alten Bauformen nachahmen möchte! Doch die beständig wachsende Weltbevölkerung sowie der ständig zunehmende Mangel an Bauland zwingen zu solch »neuen« Formen, die in die Höhe türmen, was in der Fläche nicht vorhanden ist. Auch so vollzieht sich — den Weltgestaltern von heute und morgen unbewußt — prophetisches Wort und gestaltet das dämonische Antlitz der Welt-Endzeit mit.

Zur »Bevölkerungsexplosion« einige Zahlen: Die Erde trug im Jahre

| | | |
|---|---|---|
| 1900 | 1 610 000 000 | Bewohner, |
| 1960 | 3 010 000 000, | |
| 1970 | 3 631 827 000. | — Geschätzt werden für |
| 1975 | 4 021 863 000 | Menschen, für |
| 1980 | 4 456 949 000 | und für |
| 1985 | 4 933 975 000 | — d. h. nahezu 5 Milliarden Menschen. |

Wie erstaunte ich aber, als ich in führenden Architektenveröffentlichungen über die Bauprojekte zukünftiger Supergroßstädte den Namen »MEGALOPOLIS« (manchmal auch: Metropolis) fand — nichts anderes als die Modernisierung des Urtextnamens für Babylon «hä megalä polis« = die gewaltige Stadt! Dabei wissen jene Architekten wahrscheinlich nichts vom Urlaut in Offb. 18,21, sondern spielen nur mit den Sprachbausteinen der griechischen Sprache, werden aber dabei von unsichtbaren Mächten gelenkt, damit sich Gottes Wort aufs genaueste erfüllt.

In Kürze seien sechs der bekanntesten Projekte geschildert:

1. In Marina-City (Chicago) sollen Wohntürme errichtet werden, von denen ein jeder 2000 Menschen in 896 Wohnungen beherbergt.
2. Der Holländer Constant Nieuwenhuys plant »Labyrinthstädte«, die, auf Säulen aufgetürmt, jeglichen Verkehr überragen; seinem Modell gab er den Namen »Neu-Babylon«.
3. Der Architekt Walter Jonas (Zürich) plant Wohnstädte, die in riesigen Betontrichtern angelegt werden sollen; die Höhe dieser Betontrichter soll 100 m betragen, ihr oberer Durchmesser 200 m. Auf dem Boden des Trichters sollen Park- und Grünflächen angelegt werden, der terrassenförmige Arenateil jedes Trichters trägt Wohnungen für 2000 Personen. Jonas will so viele — durch Brücken miteinander verbundene — Wohntrichter bauen, daß er in einer solchen »Siedlung« ca. 2 Millionen Einwohner unterbringen kann.
4. Der japanische Prof. Kikutaka gar plant eine Unterwasserstadt. Ein vollklimatisierter Betonzylinder soll 30 m in die Tiefe des Ozeans ragen und so eine ideale »Wohninsel« bilden. Während das Innere des Betonzylinders die Wohnungen

trägt, deren Bewohner durch Fenster in die Tiefseelandschaft schauen, bildet seine Oberfläche (bzw. der Deckel) mit einigen 100 m Durchmesser den Erholungs- und Kulturplatz der »Tiefseebewohner«.

5. Auch der Berliner Architekt Robert Gabriel müht sich mit seinem Superwolkenkratzer »Europahaus« um unsere Wohnzukunft. Er soll eine Höhe von 1250 m haben, einen Durchmesser von 64 Metern, 356 Stockwerke mit je 24 Wohnungen zu 100 qm. Seine 25 000 Bewohner werden von 1500 Fahrstühlen (Geschwindigkeit 8 m/sec) in die Höhe geführt, wobei allerdings keine Herz- und Kreislaufgeschädigten zu solch alpinen Höhen getragen werden dürften. Der Turm soll (wie auch alle anderen Wohnprojekte) eine eigene Kommunalverwaltung, 4000 Autoparkplätze, eigene Kirchen jeder Konfession, Schulen, Schwimmbäder, Arztpraxen, ein Krankenhaus usw. haben, damit der »homo ludens« (der spielende Mensch), von Automaten bedient, sich möglichst nicht mehr außer Hause begeben muß. In den höchsten Stockwerken wird man keinen Nebel zu ertragen haben und meist über den Wolken die Sonne genießen dürfen.
6. Das Architektenbüro Safdie & David/Barott & Boulon stellte auf der »Habitat 67« und auf der Weltausstellung 1967 in Montreal seine »Pyramidenstadt« vor; auf einer Riesenbetonpyramide werden 1000 kubische Wohneinheiten angesiedelt, während das Innere der Pyramide sämtliche Kultur- und Kollektiveinrichtungen birgt. Daß dazu auch ein entsprechendes Sex-Zentrum gehört, erscheint diesen Planern selbstverständlich.

## Welche Stadt wird das endzeitliche Babylon sein?

Nun haben alle Bibelerklärer, die das endzeitliche Babylon als Stadt auffaßten, schon immer verschiedene Städte benannt, die möglicherweise diesen prophetischen Decknamen trügen. (Daß es sich um einen solchen handeln wird, erweisen andere Decknamen der Offenbarung, etwa »Sodom und Ägypten« für Jerusalem — K. 11,8.) Welche Stadt nun verdient es, »die mächtige Mutter der Huren und aller Ekelhaftigkeiten der Erde« genannt zu werden

(K. 17,5)? In der Urchristenheit sah man in ihr, wie auch später im Mittelalter, das neronische bzw. päpstliche ROM; neuerdings bietet sich das im Müll erstickende, lasterhafte und kriminelle NEW YORK mit seinen drei Millionen Juden an; dafür scheinen viele Charakteristika aus den Kapiteln 17 und 18 zu sprechen; dem widerspricht aber deutlich die Aussage, *daß in dieser Stadt das »Blut der Heiligen«, der »Blutzeugen Jesu« und der »Propheten« geflossen sei*, ja, daß sie sich an diesem Blute berauscht habe (17,6; 18,24).

Weil Babylon unter dem Bilde eines Weibes, bzw. einer Hure, geschaut wird, will es der bekannte Bibelausleger Br. Heinrich Langenberg auf J e r u s a l e m deuten — wobei zu fragen ist, ob Jerusalem wirklich die »Mutter« (d. h. das gebärende Zentrum) »aller Hurereien und Ekelhaftigkeiten der Erde« ist, oder nicht vielmehr nach Jesu Wort »die Stadt des großen Königs«. Kommt nicht das Heil »von den Juden« (Joh. 4,22), und wird nicht »vom Zion das Gesetz ausgehen und das Wort Jehovas von Jerusalem« (Jes. 2,3)? Überaus beachtenswert aber ist, daß im gleichen Kapitel, in dem Jerusalem »geistlicherweise SODOM und ÄGYPTEN« genannt wird, »wo auch ihr Herr gekreuzigt wurde«, diese Stadt mit dem Namen »heilige Stadt« belegt wird (Offb. 11,2.8)! Dieser Name würde niemals von Babylon gebraucht, das übrigens einer totalen Vernichtung anheimfällt, was so von Jerusalem nirgends geweissagt ist. Hier wird das symbolische Prinzip (Weib = Israel) einfach überspitzt.

Es gibt auch Brüder, die annehmen, Babylon werde, am Euphrat wiederaufgebaut, zu einer Zufluchtstätte des Geldjudentums. Hier ist zu fragen, ob der Irak jemals das Bedürfnis nach einem solchen Wiederaufbau hat, und wieso ausgerechnet dieser fanatische Feind des Zionismus jemals eine Metropole des Weltjudentums zu schaffen bereit ist. Das würde eine Eroberung des Irak durch Israel voraussetzen, was doch sehr fraglich ist; ferner, ob überhaupt noch so viel Zeit zur Verfügung steht, ohne ein echtes Bedürfnis und ohne einen städtischen Anknüpfungspunkt ein solches Welthandelszentrum aus der Wüste zu stampfen. Überdies erscheint das endzeitliche Babylon zwar als Handelsmetropole, aber mit einem gewaltigen Seehafen — den die alte Ruinenstadt wirklich nicht entbieten kann, weil sie nun einmal nicht am Meere liegt. Sie liegt auch nicht auf »sieben Bergen«, und auch das Blut der Heiligen und der Blutzeugen Jesu ist nie in ihr geflossen. Diese Aussage des Johannes bezieht sich eindeutig auf die Vergangenheit Babylons und nicht auf seine Zukunft! Jer. 50,39-40 bezeugt im übrigen, daß das verwüstete urzeitliche Babylon »im Äon« nicht mehr bewohnt werden wird, »und keine Niederlassung mehr sein wird von Generation zu Generation«. Ob das »Weib im Epha« (gedeutet als die »Gesetzlosigkeit«) in der Zeit der Rückkehr des glaubenden Israel nicht auf die in Babylon verbleibende gesetzlose Judenheit der damaligen Zeit hinweist, ist ebenfalls zu fragen (Sach. 5,5-11).

Wenn wir eine echte Möglichkeit erhärten wollen, so müssen zwei Bedingungen erfüllt sein:

a) auf die angenommene Stadt müssen alle Aussagen der beiden Kapitel wie ein Maßanzug passen;
b) es müssen Brücken sichtbar sein von der heutigen weltpolitischen Vorgestalt zur es'chatologischen Endgestalt dieser Stadt.

Ehe wir daher Folgerungen ziehen, seien die im Text dargebotenen Symptome genannt:

## Kennzeichen der Metropole Babylon

### *1. Der politische Sektor*

Durch ihre günstige Lage als Seehafen hat Babylon nicht nur Zugang zu allen Weltmeeren und ist eine handelspolitische Größe ersten Ranges, sondern auch eine enge Beziehung zu Völkern aller Weltsprachen (17,1.15). Ihr Purpurkleid deutet symbolisch auf Königswürde und politische Bedeutsamkeit (17,2). Babylon ist mit den Königen der Erde politisch verbunden, ja, besitzt die Oberhoheit über die Könige der Erde, die weithin von ihr abhängig sind (18,3; 17,18). Die »10 Hörner«, die als Diktatoren »wie Könige« herrschen (vielleicht über einen Zehnstaatenbund Europa), empfingen ihre Vollmacht und Rechtsbefugnis gleichzeitig mit dem System des »Tieres«, auf dem Babylon zeitweilig »reitet«, d. h., das sie für eine gewisse Zeit »zügelt«, also politisch »an die Leine nimmt«, ohne damit seine Eigenständigkeit und Natur auszulöschen (17,12-14). Die 7 Köpfe des Tieres sind

7 »Berge« — gedeutet als 7 »Könige« —, was die geographische Deutung, nämlich die Lage der Stadt Babylon auf 7 Bergen, nicht ausschließt (17,9).

*2. Der religiöse und wissenschaftliche Bereich*

Wir haben schon mehrfach in diesem Buche darauf hingewiesen, daß beide Bereiche immer mehr ineinander übergehen werden. Immer mehr werden wir damit rechnen müssen, daß die forschende Wissenschaft ins Unergründliche vorstoßen und mit erahnten, mathematisch errechneten, aber nie geschauten Wirklichkeiten arbeiten wird! Die Physik wird ins Metaphysische vorstoßen, die Biologie Geistig-Seelisches manipulieren wollen. Die Wunder, Zeichen und Kraftwirkungen des letzten Weltherrschers und seiner Vorboten werden dem Schwankenden und religiös Zweifelnden als »Errungenschaften der Wissenschaft« und des »zum Gotte erhobenen Menschen« erklärt werden. Der primitive Spiritismus gehört dann wohl vergangenen Tagen an.
Nun einige Aussagen unserer Texte zur Beziehung Babylons zu Religion und Wissenschaft:
Die *Vergangenheit* dieser Stadt ist bereits dem Wissenden gezeichnet: Sie hat sich berauscht am Blute der Heiligen, am Blute der Märtyrer Jesu, am Blute von Propheten (der Gemeinde?) und aller (aus Gründen der Inquisition) hin und her auf Erden Geschlachteten (17,6; 18,24). Sogar »in ihr« wurde das Blut der Heiligen vergossen. Welch deutlicher Hinweis *auf die örtlich begrenzte und zugleich die Ökumene umfassende Rolle R o m s!*
Wie das urzeitliche BABEL (= Verwirrung oder: Einbruchspforte der Götter) besitzt auch das endzeitliche Babylon einen welteinigenden Namen, einen bezaubernden »SCHÄM« (so hebräisch). An ihrer Stirne trägt sie den NAMEN geschrieben:

»BABYLON — DIE MÄCHTIGE — DIE MUTTER
DER HUREN UND DER EKELHAFTIGKEITEN DER ERDE«
(Gn 11,4; Offb. 17,5).

Der goldene Becher in ihrer Hand ist bis zum Rande gefüllt mit Greueln und Unreinigkeiten und Hurerei (17,4) — wobei wir an die Sex-Welle der heutigen westlichen, kapitalistischen Welt denken dürfen; und so wurde sie zu einem Anziehungspunkt, zu einer Wohnstätte (Niederlassung) von Dämonen und zum Gefängnis jedes unreinen Geistes, zum Gewahrsam jedes unreinen und (von den himmlischen Heiligen) gehaßten »Flügelträgers« = Dämons oder Satansengels (18,2).

In K. 18,23 aber wird bezeugt, alle Nationen seien »vermittelst ihrer Pharmazie« (so der Grundtext) berauscht worden, in die Irre oder zum Taumeln geführt. Nach guten griechischen Wörterbüchern bedeutet das hier verwendete *»pharmakeia«* Anwendung von Arzneien, Giften und Drogen (!), das verwandte *»pharmakon«* = Arzneimittel, Gifttrank, Giftkräuter eines Zaubertrankes, und *»pharmakosia«* ist das Trinken von Gift, Arznei oder Rauschtrank und die dem Giftgenuß erwachsende Betäubung oder Berauschung. *Diese aber verhindert den Willensentschluß und die freie Entscheidung und trübt die klare Urteilskraft.* Gewinnt hier das apostolische »Berauschet euch nicht . . ., sondern werdet erfüllt mit Geist« (Eph. 5,18) und die Mahnung, »wir sollten aus dem Schlafe aufwachen, weil die Morgenstunde gekommen ist« (Röm. 13,11), wie auch der drohende Hinweis auf einen »Geist der Schlafsucht« (Röm. 11,8) nicht eine ganz spezielle Bedeutung? — Oder sollte diese Aussage in der Zeit der ABC-Waffen (der atomaren, biologischen und chemischen Kampfstoffe) gar wörtlich zu verstehen sein? Gibt es doch heute schon nervenzersetzende, willenzerstörende, aber auch beseligende, ja sogar religiös berauschende Drogen, von denen oft wenige Gramm genügen würden, um die Bevölkerung einer Weltstadt gefügig zu machen, wenn man sie nur dem Leitungswasser zusetzte. Auf diese Weise könnte man Widerstandsvermögen und Kampfkraft, Willensentschluß und geistiges Urteil möglicher Feinde oder »konservativer Fortschrittsgegner« schnell außer Kraft setzen! Was wird nicht alles in der chemischen Giftküche unserer Laboratorien — oft auf billigste Weise — zusammengebraut, einmal ganz zu schweigen von den fürchterlichen chemischen und bakteriellen Kampfstoffen! Ich weiß nicht, ob die Nachricht zuverlässig war, daß schon heute die großen Wasserwerke in den USA streng bewacht werden, aber ohne Zweifel werden sich in naher Zukunft die Geheimdienste und Abwehrdienste an diesen Brennpunkten sammeln.

Auf jeden Fall wird unsere »berauschend schöne Zeit« auch viele Fromme narkotisieren und einlullen; und da sollten wir das Einschlafen der »klugen Jungfrauen« nicht immer so schnell auf eine sehr bequeme »Reichslinie« abschieben. Dem ist nur zu begegnen mit dem Öl des Heiligen Geistes in den Lampen des prophetischen Wortes, die vor dem Kommen des Bräutigams die Nacht erhellen.

*3. Der Sektor der Weltwirtschaft*

Der Reichtum Babylons bildet als »goldener Becher« das Gefäß, d. h. das Grundvermögen und Sammelbecken für Unreinigkeit und Hurerei. Dies aber ist in dieser Verbindung nur in einem kapitalistischen System demokratisch-»freiheitlicher« Prägung möglich, wie auch die anderen Punkte noch zeigen werden (K. 17,4). Die Weltwirtschaftsmagnaten sind durch die »Kraft« ihrer »Üppigkeit« (dynamis und stränos, letzteres auch LUXUS) reich geworden. Wieder ist ein Prozeß, ein Werden geschaut. Der üppige Luxus der westlichen Welt entfaltet seine Anziehungskraft auf den Konsumenten; zugleich stärkt ein allgemeines Konsum- und Prestigedenken die wirtschaftliche Kraft der Produzenten und Kartelle. Nach dem Grundtext kann man von einer *»dynamischen Wirtschaftskraft«*, von einem »Wirtschaftswunder« ohnegleichen sprechen. Dieses wird für die »Vereinigten Staaten von Europa« sicher erst noch kommen und diese Völkergruppe über die Wirtschaftsmacht der Sowjetunion und der USA hinausheben (K. 18,3). Alle Reeder (»die Schiffe auf dem Meere haben«) wurden reich von der Kostbarkeit Babylons (K. 18,19). Interessant ist auch die Notiz aus K. 18,23, die uns die unauflösbare Einheit von Wirtschaftsmacht und politischer Macht schildert. Die Kaufleute (emporos = Großhändler, Reisender) sind zugleich die »Großen«, »Einflußreichen« und »Mächtigen« (megistanes).

*4. Der Luxus des endzeitlichen BABYLON*

weist ebenfalls auf ein Wirtschaftssystem kapitalistischer Prägung mit der Freiheit zu zügellosem Genuß hin; das ist so in Diktaturen nicht möglich. In K. 18,12-14 werden uns ihre Export-

und Importwaren, nach 6 verschiedenen Richtungen überfeinerter Bedürfnisse hin, beschrieben:

1. Die JUWELIERLÄDEN zeigen uns ihren SCHMUCK: Schiffsladungen von Gold, Silber, Edelsteinen und Perlen.
2. Die KONFEKTIONSGESCHÄFTE diktieren die MODE durch Schiffsladungen von feinstem Byssus, Purpur, Seide und Scharlachstoffen.
3. Zahlreiche PARFÜMERIESALONS erfreuen mit ihren KOSMETIKA die Damen- und Herrenwelt: Zimt, Amomum (= Haarbalsam), Räucherwerk (= jegliche Art von Duftstoffen), Salben und Weihrauch werden genannt. Man schaue sich Läden mit kosmetischen Angeboten an!
4. Da möchte auch die MÖBELINDUSTRIE mit ihren MÖBELN und INNENEINRICHTUNGEN mithalten. Sie benötigt Thujaholz (= Zitronenholz für wohlriechende Inneneinrichtungen), jegliche Art von Elfenbeingerät, Gerät von kostbarem Holz, von Erz, Eisen und Marmor.
5. Die DELIKATESSENGESCHÄFTE bieten alles, was man für eine überfeinerte Ernährung benötigt: Wein, Öl, feinstes Weizenmehl, Weizen; Vieh, Schafe, Pferde und Wagen bilden die Basis der VIEHMÄRKTE und SCHLACHTHÖFE.
6. Einer vermögenden Schicht von Millionären und Milliardären steht eine an Automaten und Fließbändern arbeitende Schicht menschlicher Roboter (»Sklaven«) gegenüber, weshalb von einem »Handel mit den Leibern und Seelen der Menschen« gesprochen wird.

Damit auch die kulturellen Bedürfnisse der gelangweilten und blasierten Luxusgesellschaft nicht zu kurz kommen, werden Harfensänger, Musiker, Flötenspieler, Trompeter und Künstler aller Gattungen aufgeboten; das beruhigende Geräusch der Getreidemühlen — inmitten hungernder Entwicklungsländer —, das die Nacht zum Tage wandelnde Lampenlicht und die Stimmen vergnügter Hochzeitsgesellschaften vermögen kurzfristig über das nahende Gericht hinwegzutäuschen (18,22-23).

»Es fehlt an nichts! Wenn man sich amüsieren will, dann fährt man nach Babel. Und wenn man Geschäfte machen will, gibt es wieder kein lohnenderes Ziel als Babel. Denn diese Stadt braucht viel und kauft viel und bietet alles« (nach Karl Merz).

Diese trägt wirklich die Züge eines plötzlichen, unerwarteten Atomschlages (man lese hierzu Bernhard Philberth: »Christliche Prophetie und Nuklearenergie«).
Babylon wird mit Feuer verbrannt werden (17,16).
Ihre Plagen überfallen sie an einem einzigen Tag, ja, in einer einzigen Stunde (18,8.16). Tod und Blutvergießen, Traurigkeit, Hungersnot und alles verzehrende Feuersbrünste werden als Plagen genannt (katakaio = niederbrennen). Alle, die je von Babylon profitierten, auch alle Schiffe mitsamt den Seeleuten, stehen, sobald sie den »Rauch ihrer Verbrennung« sehen (18,9), »von ferne aus Furcht vor der von ihr ausgehenden Qual« (18,10).
Philberth sieht hierin *einen Hinweis auf die gewaltige radioaktive Ausstrahlung nach dem atomaren Gerichtsschlag.* Daß Gott Seine Gerichte auch ohne Vermittlung menschlicher Waffensysteme senden kann, beweist zur Genüge der Untergang Sodoms und Gomorras — doch wie oft bedient Er sich bei Seinen Gerichten auch menschlicher und kosmischer Mächte! Dennoch ist Er immer der Handelnde!
Was für ein Trauerchor derer, die ihren Profit entschwinden sehen, sechsmal »Wehe« rufen und weinend ihr Haupt mit Staub bedecken (18,11; 18,19)! Die aufgezählten Teilnehmer zeigen uns, daß wir in der endzeitlichen Großstadt Babylon nicht nur ein Weltwirtschaftszentrum, sondern auch einen mit ihr verbundenen Welthafen zu sehen haben. Es sind dies:

1. die Erdenkönige,
2. die Kaufleute der Erde,
3. *jeder Steuermann,*
4. *jeder, der nach irgendeinem Orte segelt,*
5. *Schiffsleute* und
6. *alle, die irgendwie auf dem Meere arbeiten* (18,9. 11. 17).

Sie alle trauern über das zerstörte Zentrum ihrer Hoffnungen und gehören vornehmlich der »christlichen Seefahrt« an.
Sowohl Könige als Importeure und Seefahrer aller Meere stimmen in das dreimalige »WEHE! WEHE!« ein (18,10. 16. 19).

Nun aber wohnt Gottes Volk, wohl wegen des aufblühenden Welthandels, wieder zahlreicher in dieser Stadt. Gott läßt den Juden in Babylon zurufen: »Gehet aus ihr, mein Volk!« (18,4).

Halten wir noch einmal kurz die Ergebnisse des biblischen Befundes fest: Babylon ist eine endzeitliche Metropole, Zentrum eines großen Staatensystems, das gleichermaßen politisch und religiös wie wirtschaftlich und wissenschaftlich eine führende Rolle spielt. Diese Stadt ist Mittelpunkt eines weltweiten Handelspaktes kapitalistischer Prägung und entfaltet einen Luxus ohnegleichen. Die Weltwirtschaft ist von ihr abhängig, sonderlich jeder Handel, der sich über die Seefahrt abwickelt; darum muß Babylon — über 7 Berge ausgebreitet — *zugleich einen großen Welthafen besitzen*, bzw. heute, in der Zeit ihres Werdens, die Möglichkeit zu einem solchen. Die Vergangenheit der Stadt ist gekennzeichnet durch eine blutige Verfolgung der Gemeinde Jesu Christi und ihrer führenden Charismatiker.

## Versuch einer Lösung

Auf welche Stadt könnte dies alles zutreffen? Wir entscheiden uns für ROM. Denn allein in ihr und vom Vatikan ausgehend wurde die Gemeinde Jesu in der Vergangenheit blutig verfolgt.

Verschiedene Gründe führten in der Geschichte der Auslegung dazu, daß man Rom in Betracht zog: Einmal, weil Johannes die Apokalypse vermutlich zur Zeit der ersten Christenverfolgungen schrieb; später, weil dort der Sitz des Papstes und damit das Machtzentrum der katholischen Kirche lag. Heute treten andere, politische und weltwirtschaftliche Argumente hinzu. Stehen wir doch in der entscheidenden Phase einer wirtschaftlichen und politischen Einigung der westeuropäischen Nationen zu einem EUROPÄISCHEN STAATENBUND, und führende Kenner der Entwicklung sehen die politische Verwirklichung dieser Idee bis spätestens 1980 voraus. Dies kann jedoch unter dem Druck der Verhältnisse viel schneller vor sich gehen. Immer wieder wird unter dem Eindruck wachsender Verteidigungslasten von einem Abzug amerikanischer Truppen aus Europa gesprochen, wie auch davon, daß Europa sein Geschick in die eigenen Hände nehmen müsse.

Fast greifbar stand vor unseren Augen das Auswachsen der europäischen »SECHS« durch den Beitritt von Großbritannien, Irland, Dänemark und Norwegen zur wirtschaftlichen »ZEHN«, doch wurde dies zunächst durch das Ausscheren Norwegens gebremst. Zum Abstimmungsergebnis in Norwegen trugen viele fromme, pfingstlerische Wähler bei, die mit dem Argument arbeiteten, man müsse die Entwicklung zum antichristlichen Weltreich bremsen! Tatsächlich könnte dieser Zusammenschluß schneller als wir denken zu einem »EUROPÄISCHEN STAATENBUND« oder den »VEREINIGTEN STAATEN VON EUROPA« führen — gewiß dann die politische und wirtschaftliche Führungsmacht der ganzen Erde! Nun warten wir voller Spannung darauf, wer wohl als »Ersatzstaat« an die Stelle Norwegens rücken wird — vielleicht eines der klassischen Länder der biblischen Prophetie, Spanien oder gar GRIECHENLAND?

Die 10 Zehen des Monarchienbildes aus dem Propheten Daniel rücken hier ins Gesichtsfeld — »aus Eisen und Ton gemischt« (Dan. 2), wobei die Frage bleibt, ob sich nicht auch im Raume Osteuropas ein sozialistischer Staatenbund — gleichsam als Schatten Westeuropas — ausbilden könnte. Interessant ist auch die »Assoziierung« Israels mit der EWG.

So könnte sich auf der Basis der »Römischen Verträge« der endzeitliche Zehnstaatenbund verwirklichen (man beachte die 10 »Hörner« in K. 17,12-14). Zweifellos aber wird ein solcher Staatenbund, der sich des gemeinsamen »christlich-abendländischen Kulturerbes« bewußt ist, als Hauptstadt nicht Straßburg oder Den Haag, sondern Rom erwählen — die Wiege der abendländischen Religion, Kultur, Kunst, Politik und Wissenschaft sowie des geltenden Rechtes. Sicher wird man dann die Stadt Rom ausbauen müssen; dazu wird dann auch die Erweiterung des Flußhafens Ostia in der Tibermündung für die Binnenschiffahrt, sowie des Militär- und Handelshafens Civitavecchia (in der Nähe Roms) zum Welthafen gehören.

Eine neutestamentliche Stelle bestätigt unsere Auffassung. In 1.Petr. 5,13 nämlich heißt es: *»Es grüßt euch die Miterwählte (Ekklesia) in Babylon und Markus, mein Sohn!«* In einer Handschrift des NT hat man das Symbolwort BABYLON durch das erläuternde »in Rom« ersetzt. In der rabbinischen jüdischen Literatur der damaligen Zeit wurde der Name BABYLON ganz allgemein als Deckname für das kaiserliche ROM angewandt. Dies ist nicht nur in einer Vorliebe der Weissagungsliteratur für Chiffren und Symbole begründet, auch nicht nur in der Äonen umspannenden Idee BABELS, sondern vor allem in der Furcht vor der kaiserlichen Geheimpolizei.

Warum kann aber Paulus in seinen Lehrschriften auf den Symbolnamen BABEL für Rom verzichten? Zum ersten erwähnt er Rom nur geographisch und nicht in der vernichtenden prophetischen Kritik der Apokalypse. Dazu kommt, daß die Paulusbriefe in einer Zeit entstanden, als die junge Christengemeinde noch nicht von der Römischen Weltmacht verfolgt wurde, wie es später geschah; die Petrusbriefe hingegen wurden zu Beginn der allgemeinen Christenverfolgungen geschrieben, die »Offenbarung« auf ihrem Höhepunkt. Von einer Gemeinde Jesu in den Beduinendörfern und Ruinen des historischen Babylon hören wir übrigens nie etwas; hingegen versichern uns glaubwürdige Zeugen der Kirchengeschichte, daß Petrus seinen ersten Brief um 62-64 in Rom abgefaßt habe. Das legt auch 2.Petr. 1,13-15 nahe, wo Petrus nach einer Offenbarung Jesu »sein baldiges Abscheiden« erwartet (er starb um 67 n. Chr. in Rom).

Noch einige zahlensymbolische Hinweise, die allesamt das Siegel der 6, der Zahl des Menschen, der Sünde und Gottfeindlichkeit tragen:

6 mal erscheint der Name Babylon in der Offenbarung (14,8; 16,19; 17,5; 18,2. 10. 21).

6 mal erscheint derselbe Name in den übrigen Schriften des NT (Matth. 1,11. 12. 17 (zweimal); Apg. 7,43; 1.Petr. 5,13).

»Babylon hä megalä« (Babylon die Mächtige) hat den Zahlwert 1380 = 6 × 230; »Babylon hä megalä polis« (Babylon, die mächtige Stadt) den ZW 1770 = 6 × 295; »Babylon hä is'chyra polis« (Babylon, die starke Stadt) hat den ZW 2994 = 6 × 499 (siehe Offb. 17,5; 18, 2. 10. 21).

»Rom« hat den Zahlwert 948 = 6 × 158.

Abschließend das Wort aus K. 18,20:

»Sei fröhlich über sie, Himmel, und ihr Heiligen und ihr Apostel und ihr Propheten! Denn Gott hat euer Gerichtsurteil an ihr vollzogen!«

# VIII. Noah

## N o a h — S c h i f f i m S t u r m

Schon in der Einleitung wiesen wir anhand von Matth. 24, 37-39 darauf hin, wie sehr die Tage Noahs die Zeit vor der Wiederkunft des Menschensohnes vorbilden. »Denn wie die Tage Noahs (waren), so wird die Wiederkunft des Menschensohnes sich gestalten.«

Das Thema NOAH soll nun unter drei Aspekten dargestellt werden: »S c h i f f i m S t u r m« will noch einmal hinweisen auf die Gemeinde und Israel in der Drangsal am Ende dieser Weltzeit, »D i e S e n d u n g d e r T a u b e« auf die Gestaltungskraft des Heiligen Geistes in der großen Heilswende zum Reiche des Messias, und »D e r B o g e n d e s F r i e d e n s« auf die endlich erreichten Heilsziele Gottes in diesem Reiche. —

Sturm und Wellen, nur vom Blitze erhellte Finsternis, sind begleitende Zeichen der großen »TEHOM« — der brausenden, chaotischen Urflut, der großen »Tiefe« des weltüberflutenden Ozeans. Wenn NOAH — als Typus auf das Israel in der endzeitlichen Drangsal — nun mit seinem ca. 140 m langen Kasten das Meer durchschwimmt, so ist dies auch ein Abbild der allerersten Weltverwüstung von GN 1,2.

Beide Wasserfluten wurden im Leben Jesu und Seiner Jünger prophetisch nachgebildet.

Matth. 14, 22-33 berichtet uns vom *Wandel Jesu auf dem Meer:*
»Und sofort *zwang* Er die Schüler, in das Schiff zu steigen und Ihm *an das jenseitige Ufer vorauszufahren,* bis Er die Volksmengen entlassen habe. Und als Er die Volksmenge entlassen hatte, stieg Er *auf den Berg* für sich allein, um zu beten. *Als es aber Abend geworden war, war Er dort allein.* Das Schiff aber war schon mitten auf dem See (Genezareth) und litt Not von den Wellen, denn der Wind stand ihnen entgegen. *Aber in der 4. Nachtwache* kam Er zu ihnen, auf dem See schreitend. Als aber die Schüler Ihn auf dem See schreiten sahen, wurden sie bestürzt und sprachen: ›Ein Gespenst!‹ Und sie schrien auf vor

Furcht. Sofort aber redete Jesus zu ihnen und sprach: ›Seid frohen Mutes, ICH BIN es‹ (oder: ICH BIN ER, der EWIGE)!«

In den Grundzügen ähnlich berichtet uns Luk. 8,22-25 *von dem Schlafenden im Seesturm:*

»Und es geschah an einem der Tage (Markus: als es *Abend* geworden war), da stieg Er mit den Schülern in ein Schiff; und Er sagte zu ihnen: Laßt uns ans jenseitige Ufer des Sees fahren! Und sie fuhren ab (Markus: Und sie verließen das Volk und nahmen Ihn, *wie Er war,* im Schiffe mit). Während der Fahrt aber schlief Er ein. Und es stürzte ein Windsturm (Fallwind) auf den See herab (Markus: und die Wellen schlugen ins Schiff), und das Schiff füllte sich bereits mit Wasser, und sie standen in höchster Gefahr. (Markus: *ER aber schlief* im Hinterteil des Schiffes auf dem Kissen.)

Da traten sie hinzu, weckten Ihn auf und sagten: Meister, Meister, wir gehen unter! (Markus: Kümmert es Dich gar nicht, daß wir untergehen?) Nachdem Er aber erwacht war, bedrohte Er den Wind und die Wogen des Wassers (Markus: und sprach zum See: Schweig, verstumme! Da legte sich der Wind, und es trat eine große Windstille ein). Da sprach Er zu ihnen: Wo ist euer Glaube? (Markus: Warum seid ihr so furchtsam? Habt ihr noch kein Vertrauen?) Sie aber fürchteten sich und erstaunten und sprachen zueinander: Wer ist doch dieser, daß Er sogar den Stürmen gebietet und dem Wasser befiehlt, und sie Ihm gehorsam sind?«

Es erübrigt sich zu sagen, daß wir von der buchstäblichen Wirklichkeit beider Berichte überzeugt sind; das schließt die Tatsache nicht aus, daß sie außer ihrer historischen und erbaulichen auch noch eine prophetisch-symbolische Bedeutung haben. Stellen wie Amos 8,12; Luk. 21,25; Jes. 57,21 und 17,12 wie Offb. 17,15 weisen auf die symbolische Bedeutung des sturmgepeitschten Meeres, des von dämonischen Stürmen aufgewühlten Völkermeeres hin, demgegenüber Israel als der »Sand am Ufer des Meeres« und als das »Land« schlechthin erscheint (Hebr. 11,12). So bildet beispielsweise der ins Meer geworfene Jona einmal Jesus im Totenreich, zum anderen aber Israel im Meer der Völker, im Exil, ab.

Adolf Heller hat dies so ausgedrückt:

Es gibt im Meer der Völkerwelt
Nur einen Bergungsort:
Wenn alles wankt und weicht und fällt,
Bleibt Christus und Sein Wort.

Laut heult der Sturm, hoch schwillt das Meer,
Die Brandung braust heran;
Da gibt es keine andre Wehr,
Auf die man trauen kann.

Wer nicht in Christo Jesu ruht,
Dem Fels der Ewigkeit,
Dem hilft nicht Kraft noch Macht noch Mut,
Der ist dem Tod geweiht.

Wohl dem, der sich auf Ihn gestellt,
Den ewgen sichren Hort!
Es gibt im Meer der Völkerwelt
Nur einen Bergungsort!

Dies gilt besonders für die Tage in der Gleichheit der Noahzeit, wo »auf der Erde Bedrängnis der Nationen durch Ratlosigkeit *bei brausendem Meer und Wasserwogen«* herrschen wird, »wenn die Menschen den Geist aushauchen werden vor Furcht und Erwartung der Ereignisse, die über den Erdkreis kommen sollen« (Luk. 21,25-26).

Die gemeinsamen Grundlinien beider Evangelienberichte seien nun kurz herausgestellt:

1. Jesus erweist sich in ihnen als der mit höchster Vollmacht über Gottes Schöpfung ausgestattete »letzte ADAM« (Ps. 8; 1.Kor. 15). Wenn die Jünger Ihn hernach als »Meister« anreden, erfassen sie diesen Tatbestand (Matth. 8,25: epistata = Gouverneur oder Statthalter—Gottes). Seine Auseinandersetzung mit Sturm und Wellen des Sees Genezareth (prophetisch: mit den Satansgewalten und Todesmächten, mit dem dämonischen »Wind der Lehre«) demonstriert Seinen Sieg und bezweckt die

Erweckung des Glaubens und der Vollgewißheit in den Jüngern (Hebr. 10,22-23). Letztlich soll alles Sturmgeschehen die Anbetung und *Verherrlichung Gottes* bewirken (Phil. 2,11).

Das aber ist auch der innere Sinn der Versuchungs- und Konfliktsituationen in unserem persönlichen Leben, wie auch im Erleben der Gemeinde Jesu insgesamt; es ist Sinn und Ziel des ganzen göttlichen Heilsplanes.

2. Was aber bilden MORGEN und ABEND — als Anbruch des Tages und der Nacht — prophetisch ab? Da der TAG Jesu die Zeit Seines Königreiches ist, kündet der Morgen mit Morgenstern und Sonnenaufgang dessen Anbruch (zunächst bei Seinem 1. Kommen); Abend und Sonnenuntergang aber weisen hin auf Jesu Tod und den Beginn Seiner Abwesenheit — jener langen »Nacht« bis zu Seiner Wiederkunft. Diese kündigt Er während der »4. Nachtwache« als der »Morgenstern« an und vollendet sie zu Tagesbeginn als die »aufstrahlende Sonne mit Heilung unter ihren Flügeln« (Mal. 4,2). Solange und sobald Jesus als das »Licht der Welt« auf Erden anwesend ist, währt der prophetische TAG, ist Er hingegen abwesend, so haben wir NACHT.

   »Am Abend« verläßt Jesus Seine Jüngergemeinde und »treibt sie« (die diesen Abschied offenbar nicht wünscht) ins Boot. Während der »Nacht« (Seiner Abwesenheit) haben sie — scheinbar alleingelassen von Ihm — Sturmwind und Wellen zu durchfahren. Es droht ihnen der Untergang.

3. In zweifacher Weise wird die scheinbare Ohnmacht dessen geschildert, der »zur Rechten Gottes sitzt« und einfach nur »wartet, bis der Vater Ihm alle Feinde zum Schemel Seiner Füße legt«.

   Als der Messias-Hohepriester ist Er bei Seiner Himmelfahrt »auf den Gottesberg gestiegen«, wo Er nur in einer Weise aktiv wird: Er vertritt die hart kämpfenden Seinen als »Fürsprecher bei dem Vater« im Gebet. Er schaut ihren Kampf gegen die dämonischen Gewalten, weiß um ihr Ergehen im Sturm, wenn sie Ihn auch oftmals nicht also sehen (Hebr. 2,5-9; Hebr. 7, 25; 1.Joh. 2,1-2; Sach. 3).

   Seine Wiederkunft und Begegnung mit den Seinen wird in Seinem Kommen »in der 4. (d. h. nach der 3.) Nachtwache«

geschildert; beim Aufglänzen des Morgensternes (wolkenverhangen dem irdischen Auge) kommt Er zu Seinen Jüngern auf dem See, stillt die chaotischen Naturgewalten und führt das Schiff zum »jenseitigen Ufer«. Das Geschick der endzeitlichen Erstlinge.

Apg. 3,21 spricht von dieser »passiven« Abwesenheit Jesu: »Den von Gott zuvorverordneten Jesus, den Messias, muß freilich der Himmel aufnehmen (und verbergen) bis zu den Zeiten der Neuordnung aller Dinge, wovon Gott durch den Mund Seiner heiligen Propheten von Urzeit an geredet hat« (s. auch Offb. 11,15-17; 12,10).

Wahrlich: »Wir sehen Ihm jetzt noch nicht alles unterworfen«; »obgleich wir Ihn aber nicht sehen, lieben wir Ihn, vertrauen Ihm und frohlocken über Ihn mit unaussprechbarer und herrlicher Freude« (Hebr. 2,8; 1.Petr. 1,8).

Nur in einer Weise ist Jesus in der heutigen bösen Weltzeit — unsichtbar für die Welt — überhaupt auf Erden wirksam: durch die Arbeit Seines Heiligen Geistes in den Glaubenden, den »Söhnen des Tages«. Vielleicht ist diese »aktive Passivität« und »latente Hilfsbereitschaft« durch den im Boote Schlafenden umschrieben, wie es der zweite Bericht tut.

4. Wird Er — als der von Tagesmühen Überwältigte und Schlafende — von Sturm und Wogen überrascht, so daß sie Ihn unvorbereitet überfallen? Wie gut muß Er geschlafen haben, wenn Seine Jünger Ihn erst wecken müssen, was selbst der infernalische Sturm nicht vermochte! Manchmal sieht es schon so aus, als ob der Herr sich nicht um Seine gefährdete Gemeinde kümmerte! War es wirklich ein aussichtsreicher Mordversuch dämonischer Mächte auf den Herrn? Ich glaube es nicht! Im Gegenteil: Er selbst hatte den Sturm längst vor Seiner Menschwerdung in prophetischen Psalmen programmiert, hatte Sturm und Wogen »bestellt« — Er, der allezeit Seinen Weg nach dem Worte Gottes einrichtet. Dem widerspricht die natürliche, menschlicher Schwachheit entsprungene Erschöpfung nicht, die den Herrn befiel.

Das Erleben Noahs im »Kasten« wie die Erfahrungen der Jünger im Seesturm sind in Ps. 107,23-31 durch den »Geist Christi, der in den Propheten wirksam war« im nachhinein und im voraus niedergelegt:

»Die sich auf Schiffen aufs Meer hinabbegeben, Handeltreibende auf großen Wassern, diese sehen die Taten JHWH's, Seine Wunder in der Tiefe (tehom) Strudel: *ER spricht und bestellt den Sturmwind* (1), dieser peitscht die Wogen hochauf (2). Sie fahren hinauf zum Himmel, sinken hinab in Urwirbels Tiefe (3). Es zerschmilzt in der Not ihre Seele (4). Sie taumeln und schwanken wie ein Trunkener (5), zunichte wird all ihre Weisheit (6). *Da schreien sie zu JHWH in ihrer Drangsal* (7), und ER führt sie heraus aus ihren Bedrängnissen (8). ER verwandelt den Sturm (bannt den Sturm) in Stille (in den Ton eines verschwebenden Schweigens – 9), und es legen sich die Wogen (10). Und sie freuen sich, daß sie sich beruhigen (11), *und ER führt sie in den Hafen des Wunsches* (den ersehnten Hafen – 12). Mögen sie JHWH preisen wegen Seiner Güte, und wegen Seiner Wundertaten an den Menschensöhnen.«

*Gott »bestellte« die große Flut.* Er entrückte Henoch vor der Flut und rettete Noah durch sie hindurch. Die »Arche«, eigentlich »Kasten« (im Hebräischen: teba) bedeutet soviel wie Sarkophag; auch für das Binsenkörbchen des Säuglings Mose wird dieses Wort verwandt; »aron« hingegen ist der »Kasten« der Bundeslade und der Mumiensarg Josephs.

*Jesus »bestellte« Sturm und Wogen* auf dem See Genezareth, ebenso wie Er die notvollen Stürme unseres Lebens und die endzeitlichen Stürme des Gerichtes bestellt (Offb. 5,5). ER wird auch als der »Schlafende« durch nichts überrascht. »Der Hüter Israels schläft noch schlummert nicht« (Ps. 121,4). Sein Geist wacht allezeit. Alle Konfliktsituationen, Anfechtungen und Versuchungen sind von Ihm »bestellt«, programmiert und »zum Guten derer, die Ihn lieben, angeordnet« (Röm. 8,28).

Dabei wird sich der Sturm am Ende dieser Weltzeit immer stärker entfalten. Wie große Gottesmänner am Ende ihres Lebens oft von der größten Versuchung betroffen wurden, so wird auch das Ende der Gemeindezeit von zunehmendem Sturm und hochgepeitschten Wellen dämonischer Flut gekennzeichnet sein. Lange verzieht der Herr – bis zum Beginn der 4. Nachtwache. So wie die antike Nacht in 4 Nachtwachen eingeteilt war (18.00-21.00/21.00-24.00/

24.00-3.00 und 3.00-6.00 morgens), so ist auch die gegenwärtige böse Nacht- und Weltzeit in solche Perioden unterteilt, so daß wir immer wieder fragen müssen: »Wächter, wie weit ist's in der Nacht? Wächter, wie weit in der Nacht? Der Wächter spricht: Der Morgen kommt, und gleich wieder Umnachtung!« (Jes. 21, 11-12).

Am Ende steht die Offenbarung des Weltvollenders, das »Erwachen« und Kommen Jesu in Herrlichkeit, da Er Finsternis in Licht, Fluch in Segen, Gericht in Gnade und Sturm in Stille verwandelt. Gewiß weist der »Hafen des Wunsches« am »jenseitigen Ufer« auf die Zeit hin, da wir »bei dem Herrn sein werden allezeit«. Noch aber sind wir auf letzter Fahrt.

Das Schiff des Glaubens muß Kurs halten, um nicht am Ziel vorbeigestrudelt zu werden (Hebr. 2,1). Durch die Vollgewißheit der Hoffnung wird es sicher und fest im Allerheiligsten Gottes verankert (Hebr. 6,18-20). Doch droht auch der »Schiffbruch im Glauben« (1.Tim. 1,18-20). Hier hatte Prof. Thielicke unrecht, als er meinte, die im Boot zitternde Gemeinde brauche sich nicht gar zu sehr vor den »Bult- und Froschmännern« unserer Zeit zu fürchten, da ja der Herr mit im Boot sitze. Das ist eben die Frage, ob eine Kirche, die solche »Theologen« duldet, sich überhaupt noch mit dem Jüngerboot des Herrn vergleichen kann.

Gegenüber dem endzeitlichen »Wind der (dämonischen) Lehre« aber ist die Gemeinde Jesu nur in der »Einheit des Glaubens und der Erkenntnis des Sohnes Gottes« gewappnet (Eph. 4,13-14).

**»Da gedachte Gott Noahs und all des Getiers und allen Viehs, das mit ihm im Kasten war, und Er ließ einen Wind über die Erde wehen, daß die Wasser zur Ruhe kamen. Und abgedämmt wurden die Quellen der Tiefe und die Schleusen des Himmels, und dem Regen vom Himmel ward Einhalt geboten. Da verliefen sich die Wasser allmählich von der Erde ... da ging Noah aus dem Kasten hinaus ...«** (GN 8,1–3.18).

Durch den Geisthauch Gottes kommen die Wasser des erregten Völkermeeres zur Ruhe im Aufklang des Gottesreiches, und die Quellen jeglicher Dämonie werden für zunächst 1000 Jahre versiegelt (Offb. 20).

Wir alle sind in einem Boot.
Aus gleichem Stoff erschaffen,
Will jeder, von der Angst bedroht,
Erlisten und erraffen,
Was er an Glück bekommen kann,
Ob Kind, ob Greis, ob Weib und Mann.

Wir alle sind in einem Boot.
Der Fährmann scheint ein Böser!
Ist es der Teufel? Ist's der Tod?
Ist's Christus, der Erlöser,
Der uns mit starker, treuer Hand
Wird bringen zum ersehnten Strand?

Wir alle sind in einem Boot.
Wer ward von uns nicht schuldig?
Drum harren wir trotz Furcht und Not
Vertrauend und geduldig,
Weil das, was Gottes Wort und Geist
Verspricht, sich auch als wahr erweist!

Wir alle sind in einem Boot.
Nicht einer bleibt verloren.
Schon winkt der Rettung Morgenrot,
Zu der uns Gott erkoren.
Durch Jesus Christus, Seinen Sohn
Wird jedem Heil, Gericht und Lohn.

Wir alle sind in einem Boot.
Zuletzt sind alle drüben,
Wo Freude herrscht statt Nacht und Not,
Weil unsres Vaters Lieben,
Dem keine Macht im Weltall gleicht,
Im Sohn Sein selges Ziel erreicht.

(A. Heller)

»Als aber Jesus getauft worden war, stieg Er sofort aus dem Wasser (Lukas: . . . und betete); und siehe, die Himmel öffneten sich, und Er sah den Geist *wie eine Taube herabschweben* und auf Ihn kommen (Lukas: Und der Heilige Geist schwebte in leiblicher Gestalt wie eine Taube auf Ihn herab). Und siehe, eine Stimme aus den Himmeln sprach: ›Du bist mein geliebter Sohn, an Dir habe ich Wohlgefallen gefunden!‹ (oder: in Dir ist mein Wohlgefallen begründet)« (Matth. 3,16-17; Luk. 3,21-22).

»Und Johannes bezeugte: Ich habe den Geist aus dem Himmel *wie eine Taube herabschweben* sehen, und er *blieb* auf Ihm. Und ich hatte Ihn (zuvor) nicht gekannt; aber der mich sandte, mit Wasser zu taufen, der sprach zu mir: ›Auf wen du den Geist herabschweben und *auf Ihm bleiben* siehst, der ist es, der mit Heiligem Geist tauft!‹ Und ich habe gesehen und bezeugt, daß dieser der Sohn Gottes ist« (Joh. 1,32-34).

Jesus, gezeugt aus Heiligem Geiste, empfängt hier die Fülle dieses Geistes als Seine messianische Dienstausrüstung. In Ihm wohnt die Fülle der Gottheit körperlich (Kol. 2,9). Nach der prophetischen Vorverheißung von Jes. 11,1-2 »ruht« oder »bleibt« auf Ihm der Geist JHWH's — als Geist der Weisheit und des Verstandes, als Geist des Rates und der Kraft, als Geist der Erkenntnis und der Furcht JHWH's. Dieses »Ruhen« und »Bleiben« des Geistes ist offensichtlich etwas völlig Neues und noch nie Dagewesenes in der göttlichen Heilsgeschichte.

Weshalb aber erscheint Gottes Geist beim »Herabschweben aus dem Himmel« in der zeichenhaften Verkörperung einer Taube? Soll es allein das Herabschweben sinnenfällig verdeutlichen? Man hat hier immer die Taube als ein Symbol der Reinheit, der Sanftmut und des Friedens gesehen; Matth. 10,16 spricht z. B. davon, daß wir »ohne Falsch und einfältig wie die Tauben« sein sollen. Reinheit und Sanftmut aber sind jedenfalls nicht gerade ein hervorstechendes Kennzeichen der Taube.

Hier muß man anders vorgehen. Schrift kann nur durch Schrift erklärt werden und nicht durch noch so wohlgemeinte und vielleicht scharfsinnige menschliche Folgerungen.

GN 1,2 ist die Urstelle zur Schilderung des Gottesgeistes im Bilde der Taube oder eines Vogels. Dort wird er uns als Leben erweckend beschrieben; in GN 8 werden wir ihn als Leben verkündend finden, — Leben aus den Toten, Leben aus vorangehendem Chaos, Licht aus der Finsternis, Frieden Gottes nach vernichtendem Gericht.

Wir meinen, daß das Chaos (hebr. Tohuwabohu) von GN 1,2 mit einem Fall und Verderben in der Engelwelt zusammenhing; es stellt die Gerichtsfolgen für die Wohnstätten und Fürstentümer jener Mächte dar, wozu auch die Erde gehörte. Die große Flut hingegen wurde durch Fall und Verderben der Menschenwelt herausgefordert und stellt das Gericht über sie dar. In beiden Fällen aber sind die göttlichen Gerichtsmethoden gleich; beide Male sendet Gott das Verderben durch eine gewaltige Wasserflut, weshalb sich ja dann auch die Sintflut wie ein Spiegelbild zum urzeitlichen Wasserchaos verhält (daher rührt auch die Verwechslung der Aussagen in 2.Petr. 3,5-7 und 2.Petr. 2,5 durch die Ausleger; man beachte, daß die erste Wasserflut den ganzen urzeitlichen Kosmos betraf, während die Sintflut nur den Planeten Erde ereilte).

In GN 1,2 lesen wir nun:

**»Und die Erde wurde Verwüstung** (TOHU) **und Leere** (BOHU), **und Finsternis breitete sich über der Fläche** (wörtl. den Angesichtern) **der Tiefe** (TEHOM); **und der Geisthauch** (RUACH) **Gottes schwebte brütend** (M'RACHÄPHÄTH) **über der Fläche** (dem Antlitz) **der Wassermassen.«**

Dazu kurz einige Erläuterungen zu den wichtigsten hebr. Ausdrücken:

**TOHU** = Erdröhnen, Verwüstung, Leere.
**BOHU** = Leere, Nichts, Chaos, inhaltlos.

Martin Buber übersetzt im Anklang an den Reimlaut: Irrsal und Wirrsal.

**TEHOM** = die brausende, tosende Urflut, die Abgrundstiefe, der Urgrund — oft auch gebraucht für das Totenreich.
**RUACH** = Sturm, Wind, Hauch, GEISTHAUCH (Gottes).

Für das »Schweben« des göttlichen Geisthauches über dem Chaos der Urflut, über dem dämonischen Antlitz und Zerrbild der lichten

Urschöpfung, wird ein eigenartiges Wort verwendet. Das hebr. »m'rachäphäth« bedeutet eigentlich »brütend schweben«, »schlaff« oder »locker sein«, »zärtlich hegen« oder »vibrieren«.
Wie genau haben die Alten den brütenden Vogel beobachtet, der auf sein Gelege heranschwebt, die Federn lockert und die Bauchdaunen aufplustert, ehe er sich zärtlich hegend und wärmend auf seine Eier niederläßt! Dabei hatten sie eine solche Ehrfurcht vor allem Lebendigen, daß sie nichts dabei fanden, das Leben schaffende Wirken des Heiligen Geistes im Bilde des brütenden Vogels zu schauen. Wieviel könnten wir — sonderlich in der Verkündigung — von dieser natürlich-unverkrampften Haltung lernen!
RUACH (Geist) ist in der Sprachwurzel verwandt mit REWACH (Raum); Gottes Geisthauch ist also Gottes raumschaffende und lebenweckende Kraft. Das Ziel des Geistes ist es, Gott »Raum«, eine »Wohnung« oder »Behausung« zu bereiten (s. Eph. 2,20-22; 1.Petr. 2,5; Spr. 9,1).
Noch ehe Gott in Christus Sein Schöpfungswort »Es werde Licht!« erschallen läßt, beteiligt sich Sein Geist intensiv am Schöpfungswerk und gibt so den Anstoß zur ersten Energie- und Massenbildung. Ob im Chaos Lebenskeime verblieben waren, die er »brütend-zärtlich hegte«, um aus ihnen neues Leben zu erwecken? Ohne Sinn wird seine Tätigkeit als Mitschöpfer nicht gewesen sein! Daß er auch in uns den »glimmenden Docht« des Geistes, den letzten göttlichen Lebensfunken, »nicht auslöscht«, sondern in der Wiedergeburt anfacht, mag dies begründen (Jes. 42,3). Auch Röm. 8,16 sagt Ähnliches, wo dargelegt wird, er »bezeuge uns, daß wir Kinder Gottes sind — in Zusammenarbeit (Kooperation) mit unserem Geiste«.
Halten wir fest: Der Heilige Geist in seiner Leben erschaffenden und Leben erneuernden Wirksamkeit wird mit einem Vogel verglichen; der bildhafte Weg zum Symbol der Taube ist nicht weit.
Das Schweben des Geistes über einer verwüsteten Welt bis zu ihrer Erneuerung wird neu und eindrucksvoll in GN 8,6-12 berichtet — in der dreimaligen Aussendung der Taube durch NOAH. Daß Noah (der »Tröster«, s. GN 5,29) vor ihr den RABEN sendet, mag darauf hinweisen, daß Gott zuerst immer den Mächten der Finsternis gestattet, ihr Werk auszuüben und ihre geschöpflichen

Möglichkeiten in Freiheit zu erweisen, ehe Er selbst durch Seinen Geist die Heilsgeschichte gestaltet. (Der Rabe »orev« ist verwandt mit »ärev« = Schwärze, Untergang.) In vielen Zusammenhängen könnte dies aus der Schrift nachgewiesen werden. Es ist jedoch typisch, daß der unreine, aasfressende Rabe nicht zu Noah zurückkehrt, da er sich auf den schwimmenden Leichen niederläßt und sich von ihnen nährt, bis die Wasser der Flut zurückgegangen sind. Sprüche 30,17 berichtet sogar davon, daß er dabei zuerst die Augen aushacke. »Wo das Aas — die Leichname — sind, da sammeln sich auch die Geier« (Matth. 24,28; Luk. 17,37), sagt Jesus im Blick auf die Konzentration dämonischen Geistes auf die zum Aas gewordene Endzeitwelt.

**»Und es geschah nach Verlauf von 40 Tagen, da öffnete NOAH das Lichtloch des Kastens, den er gemacht hatte, und ließ den Raben hinaus; und der flog hin und her, bis die Wasser von der Erde vertrocknet waren«** (GN 8,6–7).

Erinnert uns dies nicht an Hiob 1,7, wo es heißt: »Und JHWH sprach zu Satan: Wo kommst du her? Und Satan antwortete JHWH und sprach: Vom Durchstreifen der Erde und vom Schlendern auf ihr!«?

Dann aber entsendet NOAH die Taube. Er wird damit zum Tatpropheten und zum Nachbild Gottes, der den Geist als »PARAKLET« (als Tröster und Fürsprecher) sendet. NOAH bedeutet ja auch: Tröster, Trost, Ruhebringer. Könnte nicht der Ausspruch LAMECHS über seinem Sohne NOAH ebenso eine Naherwartung göttlicher Heilstaten gewesen sein, wie sie EVA bei der Geburt KAINS hatte (GN 3,15; 4,1)? Lamech sprach: *»Dieser wird uns trösten über unsere Arbeit und über die Mühe unserer Hände wegen des Erdbodens, den JHWH verflucht hat«* (GN 5,29) — kann diese Aufhebung des Urfluches nicht eigentlich erst Gottes Heiliger Geist als der wahre Tröster bewirken?

**»Und er sandte die Taube von sich aus, um zu sehen, ob die Wasser sich verlaufen hätten vom Angesicht des Erdbodens; jedoch die Taube fand keinen Ruheplatz für die Sohle ihres Fußes und kehrte zu ihm in den Kasten zurück; denn die Wasser standen noch**

**auf dem Angesicht der Erde; und er streckte seine Hand aus, ergriff sie und brachte sie zu sich in den Kasten zurück.**
**U n d e r w a r t e t e noch 7 weitere Tage und sandte die Taube zum zweiten Male aus dem Kasten; und die Taube kehrte zurück zu ihm z u r A b e n d z e i t, und siehe, ein abgerissenes O l i v e n - b l a t t** (nach dem Hebr. grün und soeben entsproßt) **war in ihrem Schnabel. Und NOAH erkannte, daß die Wasser sich von der Erde verlaufen hatten.**
**U n d e r w a r t e t e noch 7 weitere Tage und sandte die Taube** (zum drittenmal) **aus; und sie kehrte von nun an nicht wieder zu ihm zurück«** (GN 8,8—12).

In der dreimaligen Aussendung der Taube sehen wir eine Darstellung der dreifachen Sendung des Heiligen Geistes in der Heilsgeschichte. Die Taube soll Noah künden, ob das Verderben des Gerichtes beendet ist und neues Leben dem Chaos entsproßt. Das ist ja auch das Ziel des Geistes Gottes, der »alles lebendig macht« (Neh. 9,6; 1.Tim. 6,13). Selbst »lebendig gemacht im Geiste«, wurde unser Herr zum »lebendig machenden Geist« (vgl. 1.Petr. 3,18 mit 1.Kor. 15,45).
Dabei kann Gott in Ruhe warten, bis Er nach gewissen T e i l z i e l e n in der Geistessendung Seine E n d z i e l e erreicht. Sind vor Ihm doch (quantitativ gesehen) 1000 Jahre wie 1 Tag, und (in der möglichen Qualität) 1 Tag wie 1000 Jahre! Das Warten Gottes und Seines Sohnes ist ein köstliches Thema für sich; es zeigt uns die unumschränkte königliche Freiheit Seines Geistes, Seine völlige Souveränität gegenüber allen Störversuchen der Finsternis sowie die göttliche Vollgewißheit darüber, daß Er Seine Ziele erreichen wird. *Nichts trübt die Glückseligkeit, die Gott in sich selbst besitzt. Niemals ist unser Gott darüber beunruhigt, daß Er auch nur eine Seiner Verheißungen nicht verwirklichen, eines Seiner Liebesziele nicht erreichen könne.* Darum hat Er in dem Sohn »die Äonen erschaffen« (Hebr. 1,2), der nun im Auftrag Gottes als »Vater der Äonen« in Weltzeiten handelt und den Heilsplan verwirklicht (Jes. 9,6). Vom Warten Gottes sprechen u. a. 1.Petr. 3,20; 2.Petr. 3,8-10 und Hebr. 1,13.

Das Warten Noahs und die Aussendungen seien einmal so geordnet:

**NOAH wartet 40 Tage** (GN 8,6).
Er sendet den RABEN aus.
**(NOAH wartet** – auch hier 7 Tage? Ob er auf die Rückkehr des Raben gewartet hat? Es ist anzunehmen.)
Die 1. Aussendung der TAUBE und ihre Rückkehr.
**NOAH wartet 7 Tage.**
Die 2. Aussendung der Taube und ihre Rückkehr mit dem Olivenblatt.
**NOAH wartet wiederum 7 Tage.**
Die 3. Aussendung der TAUBE. Sie kehrt nicht zurück. Ende des Gerichtes.

Das heilsgeschichtliche und schöpferische Handeln Gottes in Perioden zu 7 Tagen oder zu 7 Jahrtausenden (Neuschöpfung; Zeit von Adam bis zu Christi Wiederkehr) scheint auch in diesem Text durchzuschimmern. Der 8. Tag oder das 8. Jahrtausend sind immer ein Neubeginn, auch in der Abfolge der Äonen Gottes.

In Übereinstimmung mit dem Schriftganzen können wir über die dreimalige Sendung der »Taube«, also des Gottesgeistes, folgendes bezeugen:
Die erste Sendung des Geistes geschah bei der Erschaffung der Welt. Wie wir schon bei GN 1,2 sahen, war er in unmittelbarer Weise daran beteiligt. Auch damals schon ging es um ein »Verlaufen der Wasser« des Verderbens, um die Beendigung des Gerichtes und um den Aufbau einer Schöpfung, die zu Gottes Haus und Tempel werden sollte. Der Tempelidee der Heiligen Schrift liegt der Gedanke des »raumgreifenden Gottes« und des Ihm »Raum schaffenden Geistes« zugrunde, wobei alle Heilskörperschaften »erste Inseln« für Ihn bilden.
Doch bei aller geordneten Schönheit und Weisheit der Gottesschöpfung ist diese doch untergründig immer noch von Verderben und Chaos bedroht. Darum konnte Gott in ihr — als in einer »Behausung Gottes im Geist« — nicht »zur Ruhe kommen«, konnte Sein Geist ihr nicht bleibend innewohnen. *»Die Taube fand keinen Ruheplatz . . . und kehrte zurück.«* Freilich erregt und bewegt Gottes Schöpfergeist und Christi dynamisches Wort die elementaren Teilchen des Kosmos noch immer — dieses Handeln sichert seinen Fortbestand und ist das tragende Fundament aller

Naturgesetzlichkeiten (Hebr. 1,3); doch bedeutet dies kein bleibendes Innewohnen und Ruhen im Sinne des Heilshandelns.
Die Schöpfung als Gottes Haus und Tempel und ihren Architekten Jesus Christus bezeugt Hebr. 3,3-6; inhaltlich aber wird dies erst in der vollendeten Neuschöpfung Wahrheit werden.
Nach dem Siebentagewerk »ruhte Gott von allen Seinen Werken«, aber eine bleibende »Beruhigung« im Sinne eines vollendeten Heilshandelns im Sohne und im Geiste war dies nicht. —

Zum zweitenmal sendet Gott den Geist aus, um Seine weltumspannenden Heilsgedanken auszuführen. Diesmal erwählt Er sich das »Haus Israel« zum Tempel und heiligen Priestertum. *»Um die Abendzeit«* (symbolisch: am Ende eines Äons, vielleicht erst am Ende dieses Äons) kehrt die Taube zu Noah zurück und bringt ihm ein *»junges und grün ersproßtes Ölbaumblatt«* im Schnabel mit, in der Lebensfarbe des 3. Schöpfungstages. Dies wird ihm zum Zeichen dafür, daß die Bäume schon aus der Verderbensflut herausragen und neues Grün zu treiben beginnen. Worauf aber deutet das »Olivenblatt« — das Mitbringsel des Gottesgeistes aus seiner zweiten Sendung — hin? Nicht ein ganzer Ölbaum wird Gott dargebracht (dies wäre das errettete Ganz-Israel als Träger des Heiligen Geistes — s. Röm. 11,16-26), sondern ein erstes »Ölbaumblatt«; dieses aber stellt die glaubenden Erstlinge Israels dar, die das Leben aus dem Geist trugen und aus der »Wurzel Davids« den nährenden Saft empfingen (Offb. 22,16).
Welche Freude das für den wartenden und sich nach Vollendung sehnenden Gott gewesen sein muß, zeigt auch der frohlockende Ton, in dem Hebr. 11 über die Heiligen des Alten Bundes berichtet. *Ein erstes Zeichen des Lebens aus Toten wird Gott dargebracht!* Die Hoffnung Gottes schaut am Ölbaumblatt schon den ganzen, saftigen, Blätter treibenden und Frucht bringenden ÖLBAUM Ganzisraels, so wie Er an den Erstlingen immer die Vollendung Seiner Ziele sieht. »Nach Seinem eigenen Willen hat Gott uns durch das Wort der Wahrheit gezeugt, damit wir eine gewisse (zuverlässige, gewißmachende) Erstlingsfrucht (aller) Seiner Geschöpfe darstellen«, schreibt Jakobus in K. 1,18 von sich und den glaubenden Erstlingen aus Israel.

Doch *»die Taube kehrte zurück«.* Das Wirken des Gottesgeistes im Alten Bunde war eigenartig begrenzt; zwar wirkte er damals schon in Königen, Priestern und Propheten — aber so, wie er scheinbar gewalttätig über sie gekommen war, verließ er sie oft wieder, wenn sie ihre Aufgabe erfüllt hatten, oder bei geringfügigem Versagen. Ja, es konnte sogar geschehen, daß dann »ein böser Geist von vor JHWH« das personelle Vakuum ausfüllte (1.Sam. 16,13-23; Matth. 12,43-45).

Das Kommen und Gehen des Herrn in den 40 Rüsttagen nach Seiner Auferstehung bildet das Wirken des Heiligen Geistes im Alten Bunde ab. Da kam der Geist über die Gottgesandten, ergriff sie und warf sie an die Front des Dienstes, ließ ihre Herzen entbrennen und erfüllte sie mit Kraft, so daß ein Simson mit dem Eselskinnbacken einmal 1000 Philister schlagen konnte. Von den 70 Ältesten Israels berichtet 4.Mose 11, daß der Geist auf sie kam (sie jedoch nicht erfüllte), so daß sie »begannen zu weissagen, aber sie fuhren nicht fort«! Und derselbe Saul, den später ein böser Geist quälen durfte, hatte zuvor einmal unter der Wirkung des Gottesgeistes geweissagt (1.Sam. 10,6.9-11; 11,6; 16,14).

Als entscheidend für jene Heilszeit müssen wir festhalten: Der Heilige Geist kam, wirkte und — zog sich zurück, wenn Männer Gottes versagten und sündigten, weil das Heilige sich nicht mit Unheiligem eint, weil Christus und Beliar, Licht und Finsternis nicht harmonisieren. Weil in jener Zeit die bleibende Erniedrigung des Geistes noch nicht begonnen hatte, verfuhr Gott nach der Weise von GN 6,3: *»Nicht niedere sich (und bleibe wohnen) mein Geist im Menschen auf Dauer, da er ja Fleisch ist!«*

Bleibend konnte der Heilige Geist in der Zeit vor der Erniedrigung und der Erhöhung Jesu den Menschen Gottes nicht innewohnen. So besehen löst sich auch der scheinbare Widerspruch, der sich in der Aussage des Evangelisten auftut:

»... Von Seinem (Jesu) Leibe werden Ströme lebendigen Wassers fließen. Dies aber sagte Jesus von dem Geiste, welchen die Ihm Vertrauenden empfangen sollten. *Denn noch war der Geist nicht da, weil Jesus noch nicht verherrlicht war«* (Joh. 7,38-39).

Demgegenüber steht Jesu Verheißung: »Ich werde den Vater bitten, und Er wird euch einen anderen Sachwalter (Tröster) senden, daß er bei euch bleibe in Ewigkeit (auf Dauer, im kommenden Äon), den Geist der göttlichen Wirklichkeit, den die Welt nicht empfangen kann ...« (Joh. 14,16).

Dieses bleibende Kommen des Geistes in die Welt und sein Wohnen in den Glaubenden konnte erst geschehen nach der Regelung der Sündenfrage durch Jesu Tod und nach der göttlichen Legitimation der Erlösung in Seiner Auferstehung und Thronerhöhung.

*Erst nach dem Niedrigkeitsweg des Sohnes konnte der Niedrigkeitsweg des Heiligen Geistes beginnen.* Dies aber schildert die dritte Aussendung der Taube durch Noah.

*Nun kehrt die Taube nicht mehr zu Noah zurück. Sie kommt zur Ruhe, findet festes Land für ihren Fuß.*

Nun konnte Gottes Geist erstmals auf einem Menschen bleiben und ruhen, auf Jesus, dem Messias (Jes. 11,1-2). Bei Seiner Thronerhöhung verlieh der Vater dem Sohn die Gabe, ihn bleibend, dauernd, Menschen innewohnend in die Welt zu senden, auch wenn diese in Schwachheit sündigen und ihn betrüben. Dieser *Niedrigkeitsweg des Geistes* war vor dem vollbrachten Erlösungswerk nicht möglich. Nun aber kann Jesus sagen: »*Er bleibt bei euch und wird in euch sein*« (Joh. 14,17).

In der Herrlichkeit werden uns einmal die Augen darüber aufgehen, was es für Gottes Geist bedeutete, trotz der Schwachheit unseres Fleisches in uns zu bleiben, weshalb ja auch unser Leib der Sünde und des Todes »Tempel des Heiligen Geistes« genannt werden kann. Denken wir doch an den unermeßlichen Kontrast zwischen ihm und uns:

Auf seiner Seite die ganze Majestät Gottes, die Kraft, Welten zu erschaffen und zu erhalten, heilige, unberührte Reinheit, die volle Erkenntnis aller Gottestiefen, das göttliche Lichteswesen selbst, — und auf unserer Seite jegliche Form der Niedrigkeit, Unreinheit, unheiliger Gewöhnung an die Sünde, Stumpfheit und Unempfindlichkeit gegenüber dem Willen Gottes, Willensmächtigkeit im Trotz gegen Gott, Willensohnmacht, wenn es darum geht, die Geistesführung zu bejahen! Selbst unser Gebet — das Heiligste, was wir in dieser Welt tun können — muß Sein Geist »*mit unaussprechbarem Seufzen*« vor Gottes Thron tragen; dabei wandelt er es um, damit es gottgemäß vor Ihn komme.

*»Die Taube kehrte nicht mehr zu ihm zurück!«*

»Christus in uns — die Hoffnung der Herrlichkeit!« Darin besteht das ganz und gar Neue, die »Neuheit des Lebens«, die der Gemeinde als einer »Behausung Gottes im Geiste« zuteil ward. Wenn wir unsere Leiden nicht als »fremdartig« empfinden, sondern dankbar als »Leiden um Christi willen«, als »messianische Erziehungsleiden« annehmen, *dann kommt der Geist der Herrlichkeit zur Ruhe auf uns!* »Wer im Fleische leidet, hört auf mit Sündigen« (1.Petr. 4,1b. 13. 14).

Gott ruhte von Seinen Werken am Ende der Welterneuerung im Siebentagewerk. Gottes Geist kann — Vollendung schauend — ruhen von seiner unermüdlichen Erziehungsarbeit an uns. Wir haben die Möglichkeit, wenigstens für Stunden oder Tage darin dem Herrn zu gleichen, daß Gottes Geist in uns zur Ruhe kommen kann, die wir Ursache seiner angespannten und zielstrebigen Unruhe sind.

Im Alten Bund bewirkte die Ruhe der Gotteswolke »Ruhe im Lager Israels« (4.Mose 9,17-19). *Gottes Volk kommt zum Frieden, wenn der Geist in seinen Gliedern zur Ruhe kommt.* Kriege und Streitigkeiten in der Gemeinde Jesu jedoch kommen vom Streit der Begierden (gegen Seinen Geist) in den Gliedern (Jak. 4,1).

In 4.Mos. 10,35-36 heißt es:

»Und es geschah, wenn die Lade aufbrach, dann sprach Moses: Stehe auf, JHWH, daß Deine Feinde sich zerstreuen und Deine Hasser vor Dir fliehen! Und wenn sie ruhte, dann sprach er: Kehre wieder, JHWH, zu den Myriaden der Tausende Israels!«

NOAH stellt das durch letzte Drangsal hindurchgerettete Israel dar. Leben aus den Toten ersteht nach der endzeitlichen Flut. Die Sendung der Taube, das dreifache Werk des Heiligen Geistes, ermöglicht das Friedenswerk und Friedensreich des Messias, da Er selbst Sein Volk trösten und ihm zwiefach wiedererstatten wird.

Gott schloß nach der Flut einen Bund mit jeder lebendigen Kreatur auf Erden, der darin bestand, daß nie wieder eine alles verschlingende Wasserflut den Planeten verwüsten sollte.

**»Und Gott sprach:**
**Dies ist das Zeichen des Bundes, den ich stifte zwischen mir und jeder lebendigen Seele, die bei euch ist, auf die Generationen des Äons hin: Meinen Bogen setze ich in die Wolken, und er soll das Bundeszeichen sein zwischen mir und der Erde. Und es wird geschehen, wenn ich Wolken über die Erde heraufführe, so soll der Bogen in den Wolken erscheinen** (aufglänzen), **und ich werde meines Bundes gedenken, der zwischen mir und euch besteht und zu jedem lebendigen Wesen, von allem Fleische; und die Wasser sollen sich nicht mehr zu einer Flut gestalten, die alles Fleisch verdirbt. Und der Bogen wird in den Wolken stehen; und ich werde ihn ansehen, um zu gedenken des äonischen** (ewigen) **Bundes zwischen Gott und jedem Lebewesen von allem Fleisch, das auf Erden ist.**
**Und Gott sprach zu Noah: Das ist das Zeichen des Bundes, den ich errichtet habe zwischen mir und allem Fleische auf Erden«** (GN 9,12—17).

Hier ist nicht — wie in unserer bibelfernen Sprache — von einem »Regenbogen« die Rede, sondern vom *»Bogen JHWH's«*, vom *»Zeichen des Gottesbundes«* und, inhaltlich, vom »Friedensbogen«. »Ist Friede dein Kommen?« (1.Sam.16,4-5). — Von nun an wird die Frage nach Gottes Absicht in der Sendung des gesalbten Sohnes beantwortet werden mit »Friede!« — »Denn ER ist unser Friede, der (am Kreuz) die Einheit erschuf« (Eph. 2,14).
*»Gott sieht sich den Bogen an, um zu gedenken«* — wie fern steht uns abstrakten, blutleeren Mitteleuropäern ein solcher Gedanke! Gott ist eben alles andere als eine seelenlose Philosophenidee.
Nun bedeutet aber der siebenfarbige Gottesbogen — die Brücke zwischen Himmel und Erde — mehr als nur eine Idylle! Wir wissen, wie er entsteht: Das (eine) weiße Licht bricht im dreikantigen Prisma — auch im Wassertropfen — zu den 7 Farben des »Spektrums« auf, die unser Auge wahrzunehmen vermag. Es sind dies die Farben:

| | | |
|---|---|---|
| 1. **Blau-Violett** (Indigo) | = | Farbe der verhüllt/offenbarten Herrlichkeit Gottes. Licht bricht hervor aus der Finsternis. |
| 2. **Blau** | = | Farbe des Wassers und der Seele. Scheidung in »obere und untere Wasser«. |
| 3. **Grün** | = | Farbe der Pflanzen, Natur und Welt, und der Auferstehung aus den Toten. |
| 4. **Gelb** | = | Farbe des Sonnenlichtes (Natrium), des Geistes und des Glaubens (Gold). |
| 5. **Orange** | = | Farbe des Feuers und Gerichtes, der »hellblütigen« Vögel und Fische, der Erde. |
| 6. **Rot** | = | Farbe des Menschen und der Tiere, des Blutes, der Sünde und Gefahr. ADAM und ADAMAH (Ackererde) stammen von EDOM = rot. |
| 7. **Rot-Violett** (Purpur) | = | Farbe der ruhenden Herrlichkeit Gottes, der Königswürde und Herrschervollmacht. |

(Deutung nach einem Artikel in »Morgenland«. Im übrigen folge ich Anregungen von Arthur Muhl über die biblische Farbensymbolik.)

Der Friedensbogen stellt Christus als das – in unserer dreifachen Natur (Geist, Seele und Leib) – gebrochene Licht Gottes dar, das nur vermöge dieser Brechung die ganze buntfarbige Weisheit der Gottesschöpfung aufleuchten lassen kann (Joh. 8). In Jesus strahlt nach Jes. 11,1-2 die Fülle des einen Gottesgeistes siebenfach auf.

In ähnlicher Weise wird das eine Gottesbrot, das vom Himmel herabkam, um der Welt das Leben zu geben, zum »gebrochenen Brot«, um aller Teil zu werden (Joh. 6). »Das Brot, das wir brechen, ist es nicht Anteilhabe am Leibe des Messias? Denn ein Brot, ein Leib sind wir, die Vielen, denn wir alle nehmen teil an dem einen Brot«, bezeugt Paulus vom Mahl des Herrn (1.Kor. 10, 16-17).

Auch Gottes unteilbares Wort erschließt uns erst nach siebenfacher Läuterung und Zuteilung seine siebenfache Bedeutung und Herrlichkeit (Ps. 12,6).

»Teile das Wort der Wahrheit schnurgerade«, sagt Paulus seinem Mitarbeiter und denkt dabei an das Austeilen der großen, das Gotteswort durchlaufenden Offenbarungslinien (2.Tim. 2,15).

Die siebenfache Zuteilung des Lichtes, des Geistes und des Wortes ergänzen so einander. So ersteht das Gesamtzeugnis des Friedens Gottes, »der höher ist als alle Vernunft«.

Das Heiligtum Israels zeigt uns Christus einmal in den 12 Schaubroten des goldüberzogenen Schaubrottisches — gebrochen für die 12 Stämme Israels. Es zeigt uns den Sohn aber auch im siebenflammigen goldenen Leuchter (der MENORAH Israels). Dieser wird zwar von einem Öle gespeist, doch strahlt er auf zu siebenfältiger Lichtes-, Geistes- und Wortfülle, die das Heiligtum auch unserer Seele erhellt. Im Heiligtum stand dann noch der Räucheraltar des Gebetes.

Joh. 6 (Brot der Welt), Joh. 8 (Licht der Welt) und Joh. 17 (Hohepriesterliches Gebet) werden so sinnenfällig vorgebildet.

Der siebenflammige Leuchter ist auf der beigegebenen Skizze (siehe Seite 122) über die Schöpfungstage in einer eckigen Form dargeboten, um die Inschriften zu ermöglichen; in Wirklichkeit wurde sein Mittelschaft von 3 gebogenen Armen durchschnitten, so daß in der Verbindung mit den 7 Lichtern der »umgekehrte« Friedensbogen erscheint. Der Bogen JHWH's ist also das Urmodell zum heiligen Leuchter. Darum haben wir im Schaubild die 7 Farben des Bogens über jeder Leuchterflamme angegeben und damit die 7 Wirkungen des einen Gottesgeistes, die 7 Schöpfungstage und Schöpfungsfarben in ihrer prophetischen und erbaulichen Bedeutung, aber auch die 7 Jahrtausende seit ADAM dargestellt.

Es gibt noch viele andere Darstellungsmöglichkeiten an diesem wunderbaren Modell der Liebe Gottes — die natürlich im Rahmen dieser Arbeit nicht aufgezeigt werden können.

Erstaunlicherweise gibt es auch in der Gotteswelt des Himmels einen Friedensbogen, jedoch nicht als Halbbogen, sondern als Vollbogen, der den Thron Gottes rings umgibt. Das zeigt uns, daß bei Ihm die ganze kosmische Wirklichkeit, Sichtbares und Unsichtbares vereint ist, während uns immer nur die »eine Hälfte der Realität« (wie im Halbbogen) erscheint. Offb. 4,3 berichtet, daß der Bogen um Gottes Thron die Farbe des Smaragdes hat. Der Smaragd ist ein leuchtendgrüner Edelstein, grün aber ist die Farbe des Lebens. »Das Leben ist das Licht« (Joh. 1,4). Göttliches Leben für alle Kreatur ist das Ziel des ganzen Heilsratschlusses.

Im Zusammenhang mit dem Friedensbogen müssen wir der »Spektralanalyse« gedenken. Im Prisma wird der Lichtstrahl ja

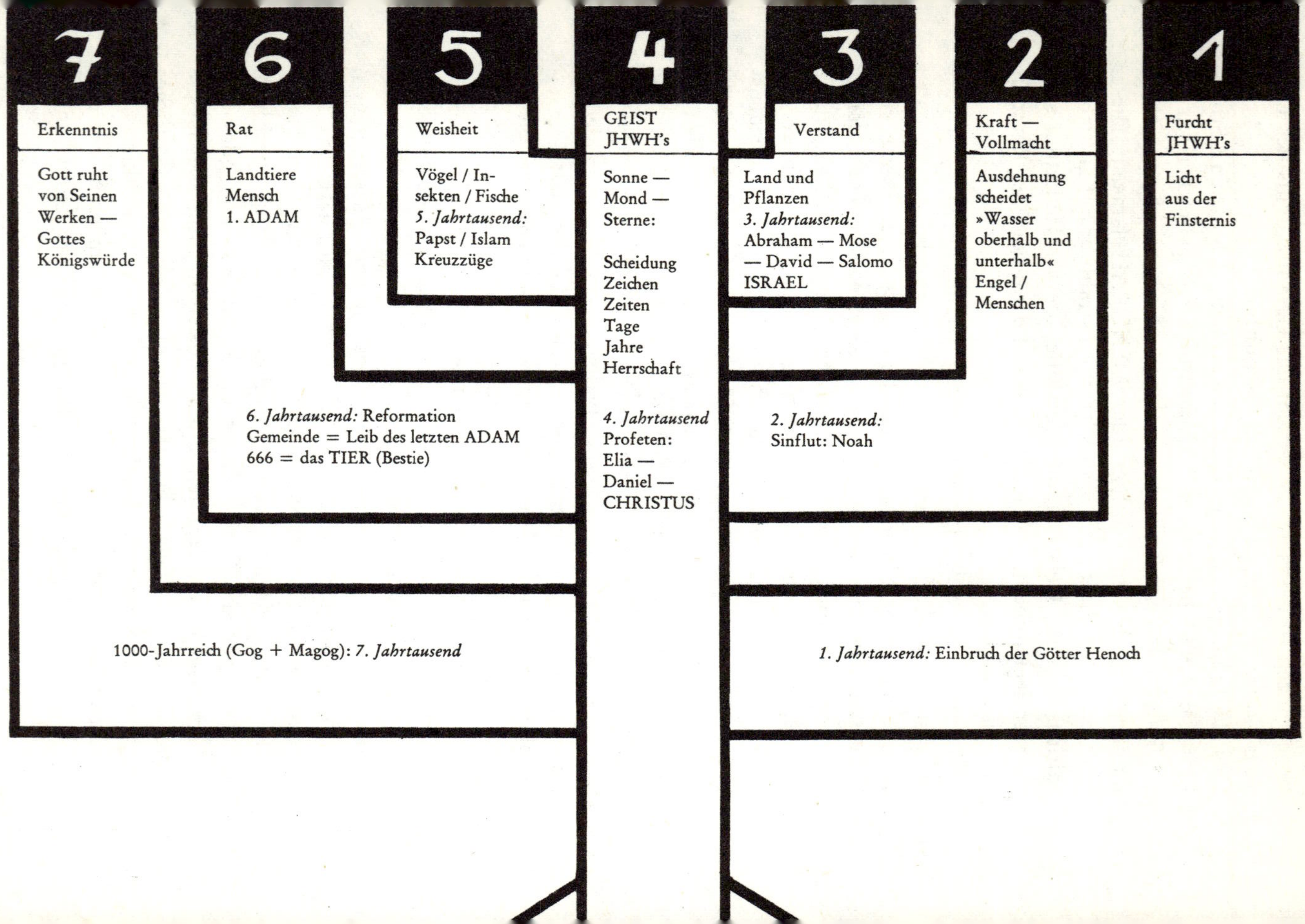
7
Erkenntnis
Gott ruht von Seinen Werken — Gottes Königswürde
6
Rat
Landtiere Mensch 1. ADAM
5
Weisheit
Vögel / Insekten / Fische
*5. Jahrtausend:* Papst / Islam Kreuzzüge
4
GEIST JHWH's
Sonne — Mond — Sterne:
Scheidung Zeichen Zeiten Tage Jahre Herrschaft
*4. Jahrtausend* Profeten: Elia — Daniel — CHRISTUS
3
Verstand
Land und Pflanzen
*3. Jahrtausend:* Abraham — Mose — David — Salomo ISRAEL
2
Kraft — Vollmacht
Ausdehnung scheidet »Wasser oberhalb und unterhalb« Engel / Menschen
1
Furcht JHWH's
Licht aus der Finsternis
*6. Jahrtausend:* Reformation
Gemeinde = Leib des letzten ADAM
666 = das TIER (Bestie)
*2. Jahrtausend:*
Sinflut: Noah
1000-Jahrreich (Gog + Magog): *7. Jahrtausend*
*1. Jahrtausend:* Einbruch der Götter Henoch

| Schöpfungstage | Farbe | prophetische Bedeutung | individuell-erbaulich | Die Jahrtausende seit Adam |
|---|---|---|---|---|
| 1. Licht aus der Finsternis | nachtblau | Jesus – Licht der Welt<br>Nacht wird nicht mehr sein | 2. Kor. 4,6:<br>Gott hat in unsere Herzen geleuchtet. | *Einbruch der Götter:* GN 6<br>Henoch: 622–987 nach Adam |
| 2. »Ausdehnung« scheidet obere und untere »Wasser« | blau (Wasser) | Materie – Ausdehnung, Scheidevorhang zwischen Engelwelt und Menschen | Scheidung von Seele und Geist. Hebr. 4,12 | *Sintflut*<br>Noah: 1656 n. A.<br>Nimrod: 1730 n. A.<br>Turmbau: 1853 n. A. |
| 3. Das trockene Land. Pflanzen mit artdifferenzierter Fruchtbarkeit. | grün (Leben) | Israel – Land der Verheißung taucht auf aus dem Völkermeer. Same des Lebens.<br>Auferstehung Jesu am 3. Tag | Land der Gemeinschaft.<br>Der grüne Baum des Lebens am Geistesquell. Ps. 1<br>4 Lebensströme.<br>Fester Boden = Vollgewißheit. Apg. 2,42 | *Israel:* 2006 n. A. Noahs Tod<br>Abraham: 2008–2183 n. A.<br>Moses: 2433–2553 n. A.<br>Israels Auszug: 2513 n. A.<br>David: 2919 n. A.<br>Salomo: 2970 n. A.<br>Tempelweihe: 3000 n. A. |
| 4. Sonne, Mond und Sterne (mit arteigener Herrlichkeit/1. Kor. 15) zu Lichtern, Zeichen, Zeiten. Beherrschung von Tag und Nacht. | gelb (Geist) | Jesus, Sonne und »Morgenstern«.<br>Satan = der Mond.<br>Engel = Sterne.<br>Die Sterne des prophetischen Wortes in der Nacht.<br>Proph. Zeitbestimmung: Phil. 2,15! | Unsere Zeit – in Seinen Händen. Das Licht des Geistes scheidet Tag und Nacht in uns und läßt uns den »kairos« (proph. Zeitpunkt) erkennen. | *Könige und Propheten*<br>Elia: um 3100 n. A.<br>Babylonische Gefangenschaft.<br>Daniel in Babylon: 3402 n. A.<br>letzte Prophetie: 3473 n. A.<br>Daniels Tod: 3474 n. A.<br>nachexilische Propheten, Makkabäerzeit.<br>Jesus, der Messias geb. 4000 n. A. |
| 5. Vögel, Fische; Luft und Meer. | orange (helles Blut) | Von der Tiergestalt zum | Kampf zwischen Fleisch | *Papsttum* entfaltet sich.<br>Islam entfaltet sich.<br>Kreuzzüge: um 1000 n. Chr. |
| 6. Landtiere, Adam | rot (dunkles Blut) | Menschensohn.<br>Jesus – letzter Adam | und<br>Geist: Ausgestaltung des Bildes Jesu | Reformation: Jahrtausendmitte.<br>*Gemeinde* der Neuzeit.<br>666 (Antichrist) gegen Ende des Jahrtausends = das Tier |
| 7. Ruhe Gottes | purpur | Tausendjahrreich, Friedensreich | ER ist unser Friede.<br>Zur Ruhe kommen von den Werken. | |

nach seinen verschiedenfarbigen (d. h. verschiedenwelligen) Komponenten »gebeugt« und so zerlegt. Das weiße Licht wird zu den sieben erkennbaren Farben gebrochen. Wenn uns nun beispielsweise ein Gegenstand rot erscheint, so ist dies die Fähigkeit gewisser Materiemoleküle, alle farbigen Wellenanteile des Lichtes »durchzulassen« und nur den rotwelligen Bestandteil zurückzustrahlen. Diese »roten« Wellen treffen dann unsere Augen. Der rote Stoff ist also gar nicht rot, sondern er reflektiert rot. Und so ist es bei allen anderen Farben.

Gottes Füllelicht wird im Prisma (Dreikant) gebrochen. Dies wird dargestellt durch unseren Naturbestand nach Geist, Seele und Leib; durch Vorhof, Heiligtum und Allerheiligstes des Tempels; durch Himmel, Erde und Unterwelt; durch Pflanze, Tier und Mensch u. a.

Offb. 19,8 berichtet uns vom Hochzeitskleid der Braut des Lammes: es besteht aus feiner, weißer Leinwand. Auch Engel sind nach K. 15,6 mit »reiner, glänzender Leinwand« bekleidet; die Kriegsheere, die Jesus bei Seiner Wiederkunft folgen, tragen »weiße und reine Leinwand«. Den Märtyrer-Seelen »unter dem (himmlischen) Altar« wird bis zu ihres Leibes Vollendung »ein weißer Überwurf« gegeben. Bei Jesu Verklärung wurde Sein Gewand »strahlend weiß wie das Licht, wie es kein Färber auf Erden je herstellen kann« (Matth. 17,2; Luk. 9,29; Mk. 9,3).

Dieses weiße Gewand wird in Offb. 19 als die »Gerechtigkeiten der Heiligen« gedeutet — eine Gerechtigkeit, die im christusgleichen Leibe der Vollendung ihren Ausdruck finden wird.

Wie aber entsteht eigentlich der Eindruck der weißen Farbe? Die Antwort darauf gibt uns einen feinen Hinweis auf das Wesen der »Gerechtigkeiten der Heiligen«. Weiß erscheint uns jeder Gegenstand, dessen Materie vermöge ihrer Mikrostruktur die ganze Lichtfülle, also alle farbigen Wellenanteile widerspiegelt und dem Auge zurückstrahlt.

Erinnert uns das nicht an 2.Kor. 3,18, wo es uns als Ziel gezeigt wird, daß wir »mit aufgedecktem Angesicht die Herrlichkeit des Herrn (also Seine Lichtfülle) anschauen (oder widerspiegeln, reflektieren)«, damit wir »nach demselben Bilde verwandelt werden durch des Herrn Geist von Herrlichkeit zu Herrlichkeit«, von einer Lichtesklarheit zur anderen?

Das also ist Gerechtigkeit der Heiligen, strahlendes Weiß der Leibesheiligung und -vollendung: Jesus anschauen, Seine Lichtesfülle widerspiegeln und völlig darstellen — die Summe Seiner »siebenfältigen Farbenpracht«, die sich »in Ihm« wieder zur Einheit des »weißen« Lichtes zusammenschließt.
Wir sollen aber nicht nur »mit Licht erfüllt werden an den Augen unseres Herzens« (Eph. 1,18), »erleuchtet werden mit dem unausforschlichen Reichtum des Messias« (Eph. 3,8), sondern den »Fürstentümern und Autoritäten in der Himmelswelt die buntfarbige Weisheit Gottes kundtun und darstellen« (Eph. 3,10).
Ein wenig von dieser Aufgabe mag uns die Farbliste der Schöpfungstage, auch die erbauliche Bedeutung der 7 Tage und 7 Farben des Friedensbogens, mitteilen.
Was aber bedeutet das Gegenteil, also die schwarze Farbe der Finsternis? Schwarz erscheint uns jeder Körper, der alle Wellenbestandteile des Lichtes resorbiert, verschluckt, durchläßt, ohne etwas davon zu reflektieren. So sind die satanischen Gewalten und alle Gesetzlosen auf ihrer Linie dadurch gekennzeichnet, daß sie nicht in der Lage sind, Christi Licht, oder auch nur einen Bruchteil Seiner Farbenfülle, widerzustrahlen. »Vernichtung des Lichtes durch Resorption« ist ihr Ziel. —
Der Lichtesbogen nach der großen Flut weist im Friedensbund JHWH's hin auf die Errettung und Vollendung aller Kreatur in Seinem königlichen Reiche. Sie soll erhoben werden zur »Freiheit der Herrlichkeit der Söhne Gottes«. Danach sehnt sie sich mit vorgerecktem Halse (Römer 8,19-22).

**Heimkehr in den Hafen des Wunsches nach sturmbedrohter Fahrt — bleibendes Innewohnen des Geistes nach Seiner dreifachen Sendung im Zeichen der Taube** — und
**Auflösung der Finsternis durch das Lebenslicht Jesu:**

das sind Gottes Ziele im tausendjährigen »Reiche der Vorvollendung«, aber erst recht in den Äonen der Weltvollendung nach diesem Reiche des Sohnes. Das endzeitliche Heilsprogramm verwirklicht sich nach Jes. 30,26 zunächst darin, daß des Mondes Licht erstrahlen wird wie das Licht der Sonne, das Licht der Sonne jedoch »siebenfältig wie das Licht von 7 Tagen — an dem Tage, da JHWH den Schaden Seines Volkes verbinden und Seiner Schläge Wunden heilen wird«. Das Licht von sieben Tagen, nicht deren Hitze! Wie wird dann der Gottesbogen in den Wolken erstrahlen als Symbol Seines Friedensreiches!

Endlich aber »wird keine Nacht mehr sein und kein Bedürfnis nach einer Lampe und dem Lichte der Sonne; denn JHWH-ELOHIM (Jehova-Gott) wird über ihnen aufleuchten, und sie werden wie Könige herrschen bis zur Äonen-Vollendung« (Offb. 22,5). — So konnte HENOCH als Schrift- und Wortprophet wirken, NOAH hingegen, der »Herold der Gerechtigkeit«, als Tatprophet, der durch seine Handlungen Gottes Heilswirken Weltzeiten umfassend darstellen konnte.

Uns aber gilt schon jetzt:

»Der HERR segne dich und behüte dich!

Der HERR lasse Sein Angesicht über dir aufleuchten und sei dir gnädig!

Der HERR erhebe Sein Angesicht (huldvoll) auf dich und gebe dir Frieden!«

Das ist der SCHÄM, der Name JHWH's, den auch Jesus zum Segen auf die Söhne Israels, auf Seine Jünger, legte, ehe Er von ihnen schied (Luk. 24,51). Denn »im Lichte des Angesichtes des Königs ist Leben« (Spr. 16,15)! Und »das Leben ist das Licht« (Joh. 1,4).

Dieses Buch sei beschlossen mit einem Gebet des gesegneten Gotteszeugen Otto Stockmayer; so wollen auch wir beten:

*»Herr, komm, komm, es wartet alles auf Dich! Komm, um die Zügel der Weltregierung in Deine königliche Hand zu nehmen, die den Regierenden je länger, je mehr aus den Händen fallen! Komm, um über der immer hoffnungsloser werdenden Zerrüttung der Völkerwelt Dein Zepter auszubreiten! Amen!«*

# Bücher und Schriften von Wolfgang Jugel

**»Ist denn der Christus zerteilt?«**

*Ein Beitrag zu der Frage nach dem Wesen der Gemeinde*
*96 Seiten, DM 5,–*

In einer Zeit, in der der letzte Wille Jesu: »auf daß sie alle eins seien« weithin als Ruf zur Vereinigung der großen Kirchen mißverstanden wird, ist dieses Buch **besonders aktuell!** Es ist ein **leidenschaftlicher Appell zur Darstellung der einen Gemeinde Jesu,** zur inneren und womöglich auch äußeren Einheit aller wahren Glieder Christi — über alle heute noch trennenden Gräben und Zäune hinweg.

Das Buch wird dort auf Widerspruch stoßen, wo man den Leib Christi letztlich als »unsichtbare Gemeinde oder Kirche« versteht, deren äußere Zerrissenheit nicht weiter schlimm sei.

Inhalt: Das Buch berührt folgende Fragen: **Gibt es mehrere Gemeinden Jesu? — Ist der »Leib Christi« seinem Wesen nach unsichtbar oder sichtbar und darstellbar?** — Das Wesen der Gnosis damals und heute — **Wachstumsgesetze des Christusleibes** — Welche Stellung nahmen die Apostel gegenüber **Spaltungserscheinungen** ein? — **Kann die heutige Zerrissenheit der Gemeinde »Wille Gottes« sein?** — Die Gefahr einer nur ideellen Bruderliebe — Was sollen wir tun?

Das Buch ist im Paulus-Verlag Karl Geyer, jetzt 71 Heilbronn, Goethestraße 38, erschienen.

*

Im Logos-Verlag Langensteinbacherhöhe, 7501 Karlsbad 1, erschien das Buch:

**Joseph — Modell des Christusweges**

**Von Wolfgang Jugel. 240 Seiten, Paperback, nur DM 4,90**

Jesus Christus wird in diesem Buch als der wahre Joseph transparent: als der vom Vater zu Seinen Brüdern Ausgesandte, als der Verworfene und Gekreuzigte, Auferstandene und Erhöhte, als Brot des Lebens und Retter der Welt.

Dieses reichhaltige Buch zeichnet aber nicht nur anhand des Lebens Josephs den **Christusweg,** sondern **auch den Weg Israels.** Die Spannung steigert sich bei der Schilderung der Reisen der Brüder mehr und mehr. Im Erleben der Härte Josephs (während sein Herz sich doch nach seinen Brüdern sehnt), in dem »Geld« und dem »Becher im Sack« sieht der Verfasser **Israels Geschick in den vergangenen Jahrhunderten vorausdargestellt.**

Der Verfasser dieses Buches, Wolfgang Jugel, ist ständiger Mitarbeiter der im Paulus-Verlag Karl Geyer Heilbronn erscheinenden Zweimonatsschrift

## Gnade und Herrlichkeit

Jährlich erscheinen 6 Hefte im Umfang von je 48 Seiten. Die Zeitschrift bringt biblische Lehre und Seelsorge, Auslegungen biblischer Bücher, Betrachtungen unserer Zeit und Welt im Licht der Bibel, Stimmen aus Gemeinde und Theologie, Einführung in den Heilsplan Gottes und die biblische Symbolik. Falls Sie **Gnade und Herrlichkeit** noch nicht kennen, fordern Sie bitte kostenlose Probenummern an beim

**Paulus-Verlag Karl Geyer, 71 Heilbronn, Goethestraße 38**

Ferner empfehlen wir:

## Und diese sind noch in der Welt

*Von Wolfgang Jugel. 24 Seiten, DM 1,40*
(»Für Leben und Glauben«, Heft 5)

**Wer hätte noch nicht die Frage nach dem Sinn seines Daseins in dieser Welt gestellt? Aufgrund des Wortes Gottes gibt Wolfgang Jugel 12 hilfreiche Antworten.**

»Der Verfasser stellt die Frage, warum der Herr die Seinen nicht aus der Welt herausnimmt und dadurch neue Sündenfälle und Versuchungen verhindert. In 12 Antworten wird ausgeführt, daß unser **Christenleben eine Schule** ist, in der wir **das Lieben, Bekennen und Kämpfen zu lernen haben.** Außerdem gehört zu unseren Erdenaufgaben das Wachsen und Reifen. **Wir sind gewissermaßen als ›Embryo der Ewigkeit‹ in der Welt,** der seine Zeit notwendig braucht, wenn er in der kommenden Welt gesund und vollkommen erscheinen soll.«

Dr. Paul Müller, Stuttgart

## Daniel — Leitbild der Nachfolge

*Von Wolfgang Jugel. 48 Seiten, DM 2,50*
(»Für Leben und Glauben«, Heft 14)

Keine neue Daniel-Auslegung, sondern **ein Aufspüren großer geschichtlicher, prophetischer und praktischer Leitlinien,** als Frage und Ansporn für die Gemeinde heute. Der Leser wird mit hineingenommen in den großen Lebensumbruch des jungen Daniel, der aus dem friedlichen Jerusalem in die heidnische Metropole Babylon deportiert wird, wo Daniel unter heidnischer »Obrigkeit« und inmitten einer götzendienerischen Großstadt-Umgebung seinen Glauben bewährt. **Erstaunlich die Parallelen, die Jugel vom damaligen Babel zur Hitler-Diktatur und zum endzeitlichen Babel der Offenbarung zieht!**